Daniel Lukas Müller

Die Integration von Flüchtlingen in den deutschen Arbeitsmarkt

Wie können Unternehmen Integrationsbarrieren überwinden?

AF157304

Bibliografische Information der Deutschen Nationalbibliothek:

Die Deutsche Nationalbibliothek verzeichnet diese Publikation in der Deutschen Nationalbibliografie; detaillierte bibliografische Daten sind im Internet über http://dnb.d-nb.de abrufbar.

Impressum:

Copyright © Studylab

Ein Imprint der Open Publishing GmbH

Druck und Bindung: Books on Demand GmbH, Norderstedt, Germany

Coverbild: Open Publishing | Freepik.com | Flaticon.com | ei8htz

Inhaltsverzeichnis

Abkürzungsverzeichnis

AsylG	Asylgesetz
AufenthG	Aufenthaltsgesetz
BAMF	Bundesamt für Migration und Flüchtlinge
BDA	Bundesvereinigung der Deutschen Arbeitgeberverbände
DIHK	Deutscher Industrie- und Handelskammertag e.V.
GFK	Genfer Flüchtlingskonvention
IAB	Institut für Arbeitsmarkt- und Berufsforschung
OECD	Organisation for Economic Co-operation and Development
UNHCR	United Nations High Commissioner for Refugees

1 Einleitung

1.1 Problemstellung

„Kaum ein Thema beherrscht derzeit die deutsche Medienlandschaft so intensiv wie das der Integration von Flüchtlingen in die deutsche Gesellschaft und den deutschen Arbeitsmarkt" (Rump & Eilers, 2017, S. 201). Die Meinungen über die Bewältigung dieser Aufgabe innerhalb der deutschen Bevölkerung gehen dabei auseinander. Auf die Frage, ob Deutschland die Herausforderungen durch die Aufnahme von Flüchtlingen bewältigen wird, antworteten im August 2016 34,6 Prozent der Befragten mit 'Ja, ganz sicher' oder 'Eher ja' und 34,4 Prozent mit 'Nein, ganz sicher nicht' oder 'Eher nicht' (Abb. 1). Einig, mit 84 Prozent, sind sich die Bürger nur darin, dass der Staat dafür sorgen sollte, dass Flüchtlinge in Deutschland schnell arbeiten dürfen (Thränhardt, 2015, S. 2).

Zur Integration von Flüchtlingen in eine Gesellschaft gibt es in der Migrationssoziologie viele Modelle und Theorien. Die Dimensionen sind vielfältig und der Prozess komplex. Übereinstimmung herrscht allerdings, wenn es um die Bedeutung der Arbeitsmarktintegration von Flüchtlingen geht. Die Erwerbstätigkeit von Flüchtlingen geht weit über den reinen Selbstzweck hinaus. Gronwald (2015) fasst dies wie folgt zusammen: „Die Integration in den Arbeitsmarkt – daran wird sich zeigen, ob Deutschland die Verantwortung für Hunderttausende Flüchtlinge bewältigt. Nur so haben Asylsuchende eine echte Perspektive auf ein neues Leben. Nur so wird es langfristig ein friedliches Miteinander geben. Am Arbeitsmarkt entscheidet sich, ob die Gesellschaft die Jahrhundertaufgabe löst – oder daran scheitert."

Barrieren bei der Arbeitsmarktintegration gibt es derzeit allerdings noch viele. Lange Wartezeiten in Anerkennungssystemen (Thränhardt, 2015, S. 6) zum Beispiel lähmen die Initiative der Flüchtlinge genauso, wie komplexe Gesetzeslagen, die Rechtsunsicherheiten bei den einstellungswilligen Unternehmen auslösen (IHK Frankfurt am Main, 2017).

Trotz alledem stehen Unternehmen und Wirtschaftsverbände einer zügigen Arbeitsmarktintegration von Flüchtlingen offen gegenüber. Besonders im Mittelstand ist das Interesse groß (Aumüller, 2016, S. 30). Laut Ernst & Young würden 75 Prozent der Unternehmen Flüchtlinge einstellen oder haben dies bereits getan (Abb. 2). Diese positive Einstellung ist wichtig, denn zusätzlich zur Politik, die vor allem Integrationsprozesse erleichtern soll, kann auch der private Sektor durch

Ausbildung und Beschäftigung von Flüchtlingen einen entscheidenden Beitrag leisten (Organisation for Economic Co-operation and Development (OECD) & United Nations High Commissioner for Refugees (UNHCR), 2016, S. 1).

Zwar sind die von Flüchtlingen mitgebrachten Qualifikationen und Erfahrungen nicht exakt deckungsgleich mit den Anforderungen deutscher Unternehmer, allerdings ließen sich auch neue Berufszweige entwickeln (Ternès, Zimmermann, Herzog & Udovychenko, 2017, S. 65).

Die Motivation der Unternehmen ist dabei ganz unterschiedlich. Die Arbeitgeber erhoffen sich vor allem neue Perspektiven, die eingestellte Flüchtlinge mit in ihr Unternehmen bringen können (Rump & Eilers, 2017, S. 210). Weitere Einstellungsgründe liegen im Bereich der gesellschaftlichen Verantwortung oder zielen auf eine Abmilderung eines bestehenden oder zu erwarteten Arbeitskräftemangels ab (OECD, 2017, S. 35).

1.2 Zielsetzung

Ziel dieser Arbeit ist es, relevante Integrationsbarrieren, die es aus *Unternehmensperspektive* bei der Einstellung von Flüchtlingen zu beachten gilt, systematisch zusammenzutragen und in verschiedene Dimensionen einzuteilen. Ausgewählte, von den Unternehmen zu überwindende Barrieren, werden analysiert. Im Anschluss daran werden Lösungsmaßnahmen für Unternehmen zur Überwindung der analysierten Barrieren aufgezeigt und Praxisbeispiele von Unternehmen vorgestellt, die bereits Wege zum Überwinden dieser Barrieren gefunden haben.

1.3 Vorgehensweise

Zunächst werden in Kapitel 2 die konzeptionellen und definitorischen Grundlagen dieser Thesis erläutert. Der Begriff Flüchtling wird definiert und die rechtliche Stellung in Deutschland dargestellt. Im Anschluss daran wird der allgemeine Prozess der Integration anhand des Integrationsmodells von Hartmut Esser erläutert. Kapitel 2.3 beschreibt schließlich die besondere Bedeutung der Arbeitsmarktintegration von Flüchtlingen auf individueller, ökonomischer und fiskalischer Ebene.

In Kapitel 3 wird eine Dimensionsanalyse der Integrationsbarrieren durchgeführt. Hierbei liegt der Fokus auf den drei Barrieren, die Unternehmen aus eigener Kraft überwinden können und auf individueller Ebene, auf Unternehmensebene oder auf interkultureller Ebene liegen.

Im folgenden Diskussionsteil werden die analysierten Barrieren aus Teil 3 aufgegriffen und Lösungsansätze zur Überwindung dieser Hürden von Seiten der Unternehmen aufgezeigt. Ebenfalls werden Praxisbeispiele angeführt, die zeigen sollen, wie andere Unternehmen in der Vergangenheit diesen Rahmenbedingungen begegnet sind.

Am Ende dieser Arbeit folgt das Fazit mitsamt meiner persönlichen Einschätzung.

2 Konzeptionelle und definitorische Grundlagen

2.1 „Der Flüchtling": Begriffsbestimmung und rechtliche Stellung in Deutschland

Der Begriff Flüchtling ist eindeutig definiert und wird doch häufig im alltäglichen Sprachgebrauch falsch verwendet. Demzufolge drängt sich eine kurze Definition des Begriffs Flüchtling und eine Erklärung auf, über welche Personen in dieser Thesis geschrieben wird.

Gemäß Artikel 1 der Genfer Flüchtlingskonvention (GFK) von 1951 gilt als „Flüchtling" eine Person, die „ ... aus der begründeten Furcht vor Verfolgung wegen ihrer Rasse, Religion, Nationalität, Zugehörigkeit zu einer bestimmten sozialen Gruppe oder wegen ihrer politischen Überzeugung sich außerhalb des Landes befindet, dessen Staatsangehörigkeit sie besitzt, und den Schutz dieses Landes nicht in Anspruch nehmen kann oder wegen dieser Befürchtungen nicht in Anspruch nehmen will ..." (Vereinte Nationen, 1951, S. 6).

Dies bedeutet allerdings nicht, dass Personen, die keinen Flüchtlingsschutz gemäß der GFK bzw. nach § 3 Abs. 1 Asylgesetz (AsylG) genießen, keinen, zumindest temporären Schutz in Deutschland erhalten können. Es besteht weiterhin die Möglichkeit als Asylberechtigter nach Art. 16 a Abs. 1 Grundgesetz anerkannt zu werden, subsidiären Schutz gemäß § 4 Abs. 1 AsylG zu erhalten, oder einem Abschiebeverbot laut § 60 Abs. 5 Aufenthaltsgesetz (AufenthG) zu unterliegen. Asylberechtigte haben in ihrem Heimatstaat schwerwiegende Menschenrechtsverletzungen von Seiten des Staates selbst zu befürchten. Aus diesem Grund wird oft von „politisch Verfolgten" gesprochen (Bundesamt für Migration und Flüchtlinge (BAMF), 2014, S. 18 ff.).

Im weiteren Verlauf dieser Thesis wird der Begriff „Flüchtling/e" nun stellvertretend für die gemäß GFK anerkannten Flüchtlinge und für Asylberechtigte verwendet, da der Rechtsstatus und die damit einhergehenden Rechtsfolgen identisch sind (BAMF, 2014, S. 21). Natürlich umfassen der Begriff „Flüchtling" sowie alle anderen Alternativbegriffe immer sowohl weibliche als auch männliche Flüchtlinge.

Nach offizieller Anerkennung als Flüchtling in Deutschland bekommen die Antragsteller eine zunächst drei Jahre gültige Aufenthaltserlaubnis zugesprochen. Nach diesen drei Jahren wird der Antrag sowie die zugrundeliegende Gefährdungslage erneut geprüft. Wenn der Fluchtgrund weiterhin besteht, wird eine unbefristete Niederlassungserlaubnis ausgesprochen. Bereits ab dem Zeitpunkt der Anerkennung stehen Flüchtlingen grundsätzlich die gleichen Sozialleistungen wie deutschen Staatsbürgern zu. Des Weiteren besteht uneingeschränkter Zugang zum Arbeitsmarkt, der Familiennachzug wird deutlich erleichtert und es besteht ein Anspruch auf die Teilnahme an einem Integrationskurs (BAMF, 2014, S. 44f.). Integration gelingt allerdings nicht nur durch solche Kurse. Die Aspekte, die in der migrationssoziologischen Theorie für eine erfolgreiche Integration wichtig sind, werden im nächsten Kapitel behandelt.

2.2 Integration aus migrationssoziologischer Sichtweise:

Das Modell von Hartmut Esser

Zum Thema Integration gibt es in der Wissenschaft unzählige Modelle. Der in der deutschen Sozialforschung wichtigste Ansatz stammt dabei von Hartmut Esser (Gestring, 2014, S. 82).

Esser definiert Integration allgemein als „Zusammenhang von Teilen in einem systemischen Ganzen" (2001, S. 72). Der Gegenbegriff dazu sei die Segmentation der Teile, also „autonome, nicht aufeinander bezogene Einheiten". Zudem sei die Grundlage jeder Integration die Interdependenz der Teile, also ihre wechselseitige Abhängigkeit (Esser, 2001, S. 72f.).

Wie bereits die Definition des Begriffs andeutet, sind stets zwei Einheiten beteiligt. Das System als Ganzes und die Teile aus dem es besteht. Daraus abgeleitet entwickelte Esser, aufbauend auf Untersuchungen des britischen Soziologen David Lockwood, zwei Sichtweisen des Integrationsbegriffes, die System- und die Sozialintegration (Esser, 2001, S. 3). Die Systemintegration befasst sich mit der „Integration des Systems einer Gesellschaft als Ganzheit" (Esser, 2001, S. 3), die Sozialintegration hingegen fokussiert die Individuen hinsichtlich der Frage, wie diese als Neuankömmlinge mit dem bestehenden System rechtlicher, kultureller und sozioökonomischer Beziehungen verknüpft werden können (Heckmann, 2015, S. 70).

Im folgenden Abschnitt wird ausschließlich der Aspekt der Sozialintegration erläutert, da es dort um den Einbezug der Teilnehmer in die Gesellschaft geht. Die Systemintegration hingegen wird über „anonyme, nicht an identifizierbare, einzelne Personen unmittelbar gebundene Mechanismen gesichert" (Esser, 2001, S. 6). Diese sind für diese Arbeit allerdings irrelevant.

Esser unterscheidet in seinem Modell vier Dimensionen der Sozialintegration. Die Dimensionen heißen Kulturation, Platzierung, Interaktion und Identifikation. Kulturation umfasst nötiges Wissen und Kompetenzen, dass die Akteure zum erfolgreichen Interagieren in der neuen Umgebung besitzen müssen. Darunter fällt typischerweise auch der Spracherwerb. In dieses Humankapital können Migranten investieren, um für andere Akteure interessant zu werden (Esser, 2001, S. 8f.). Platzierung, als zweite Dimension, bedeutet allgemein gesprochen, die Besetzung einer bestimmten gesellschaftlichen Position durch einen Teilnehmer. Bedeutende Formen der sozialen Integration innerhalb der Platzierung sind zum Beispiel die Verleihung der Staatsbürgerschaft und des Wahlrechts, Einnahme einer beruflichen Position, meist nach Durchlaufen eines vorherigen Bildungswegs, und die Möglichkeit soziale Beziehungen zu anderen Personen aufzubauen und zu unterhalten (Esser, 2001, S. 9).

Die Interaktion ist gemäß Esser eine Spezialform des sozialen Handelns. Gekennzeichnet ist sie durch eine wechselseitige Orientierung der Teilnehmer. Dadurch bilden sich Relationen untereinander, welche wiederum zu einer Integration in soziale Beziehungen wie Freundschaften, Nachbarschaften oder eine eheliche Beziehung führen können (Esser, 2001, S. 10f.). Durch solche Interaktionen kommt es laut Esser letztendlich zu einer Platzierung „in den alltäglichen, nicht-formellen und nicht in Märkten verankerten Bereichen der Gesellschaft" (2001, S. 11). Die letzte Stufe, die Identifikation, beschreibt die kognitive und emotionale Bindung eines Teilnehmers mit dem System, zu dem er sich zugehörig fühlt. Ausdrücken kann sich dies u.a. in einer Art „Wir-Gefühl" hinsichtlich der Gesellschaft bzw. hinsichtlich der anderen Mitglieder einer Gruppe (Esser, 2001, S. 12).

Zwischen den vier Dimensionen herrschen einige kausale Zusammenhänge. Eine Identifikation mit der Gesellschaft wird typischerweise nur dann stattfinden, wenn die Zugehörigkeit zu dieser als vorteilhaft erlebt wird. Voraussetzung dafür ist u.a. eine positiv erlebte Einbettung in die sozialen Gefüge. Davor müssen allerdings zunächst die kulturellen Fähigkeiten, vor allem sprachlicher Natur, gegeben sein. Dies setzt wiederum eine entsprechende Platzierung auf anregenden Positionen innerhalb der Gesellschaft voraus (Esser, 2001, S. 17). Zusammenfassend lässt sich sagen, dass „[d]er Schlüssel zu jeder nachhaltigen Sozialintegration, auch in Hinsicht auf Interaktion und Identifikation, ... die Plazierung [sic] der Akteure auf möglichst zentrale und daher für im Prinzip alle Akteure interessanten Positionen [ist] und die damit in einem wechselseitigen Bedingungsverhältnis verbundene Kulturation" (Esser, 2001, S. 17).

Zu solchen Positionen zählt, wie oben erwähnt, auch die Stellung auf dem Arbeitsmarkt. Welche Bedeutung eine erfolgreiche Arbeitsmarktintegration von Flüchtlingen für die Menschen selbst, die deutsche Ökonomie und auf die Staatsfinanzen hat, wird im nächsten Kapitel ausführlich diskutiert.

2.3 Bedeutung der Arbeitsmarktintegration von Flüchtlingen

2.3.1 Individuelle Ebene

Erwerbstätigkeit bedeutet für den Großteil der Flüchtlinge mehr als nur ein geregeltes Einkommen. Seit der ersten Anwerbung von Gastarbeitern lautet das inoffizielle deutsche Integrationsmodell: „Integration durch Arbeit und soziale Rechte" (Laschet, 2007, S. 1). Der Arbeitsplatz ist der Ort, an dem Integration am besten funktioniert. Dort kommen Flüchtlinge in Kontakt mit Kollegen und gehen einer gemeinsamen Aufgabe nach (Laschet, 2007, S. 2). Somit kann Arbeit der ethnischen und sozialen Segregation entgegenwirken, die sich oft nachteilig auf Karrierechancen der Einzelnen außerhalb des eigenen Viertels und die kulturelle Integration in die neue Gesellschaft auswirkt (Häußermann & Siebel, 2001, S. 89).

Da die meisten Stellen in Deutschland weiterhin über persönliche Kontakte vergeben werden (Brenzel et al., 2016, S. 2), können Einstellungen von Flüchtlingen auch zu einer Art „Schneeballeffekt" führen. Sobald persönliche Beziehungen zu Kollegen aufgebaut wurden oder Geflüchtete positive Erfahrungen in einem Unternehmen gemacht haben (Flake, Jambo, Pierenkemper, Placke & Werner, 2017, S. 9) können dadurch gegebenenfalls arbeitssuchende Freunde oder Bekannte vermittelt werden.

Erwerbsarbeit hat allerdings noch weitere, entscheidende Auswirkungen auf Flüchtlinge. Arbeit ist in Deutschland eine der notwendigen Grundlagen des gesellschaftlichen Lebens (Heckmann, 2015, S. 95). „Über die Erwerbsarbeit erwirbt man sich gesellschaftliches Ansehen und eine soziale Stellung." (Walbrecht, 2010, S. 10) Zudem führt Arbeit durch den hohen Stellenwert, die sie in unserer Gesellschaft besitzt (Walbrecht, 2010, S.10), zu Selbstbewusstsein und gesteigertem Selbstwertgefühl bei den Flüchtlingen selbst (Laschet, 2007, S. 3). Integration in eine Beschäftigung, die Normalität und Perspektive in das Leben bringt (Thränhardt, 2015, S. 4), ist weiterhin entscheidend für die Würde der Menschen, gerade in Hinsicht auf den Gesundungsprozess, den viele nach den teilweise traumatischen Erlebnissen im Heimatland oder der Flucht durchmachen (Chope, 2014, S. 5f.; [Übersetzung des Verfassers]). Abgesehen von den zuvor genannten gesellschaftlichen und psychologischen Aspekten, sichert der Zugang zum Arbeitsmarkt die finanzielle Unabhängigkeit (Thränhardt, 2015, S. 4) und ein „gewisses Maß an Selbstständigkeit" (Walbrecht, 2010, S. 10).

Das migrationssoziologische Modell von Esser wird damit bestätigt. „Der Zugang zu Arbeit und Einkommen ... bildet über die eigentlichen wirtschaftlichen Aspekte hinaus das Fundament einer gelingenden Integration" (Laschet, 2007, S. 3) und ein längerfristiger Ausschluss aus dem Arbeitsmarkt beinhaltet das Risiko der „sozialen Marginalisierung, der Abwärtsmobilität" (Laschet, 2007, S. 3).

2.3.2 Gesamtwirtschaftliche und fiskalische Ebene

Über das Thema der ökonomischen und fiskalischen Auswirkungen der stark gestiegenen Zuwanderung nach Deutschland wird seit einiger Zeit eine teils kontroverse Debatte geführt. Es halten sich vehement viele Meinungen, die u.a. häufig vom politisch rechten Rand der deutschen Parteienlandschaft geäußert werden. Darunter sind die Ansichten vertreten, dass Flüchtlinge der deutschen Bevölkerung die Arbeitsplätze wegnähmen, das allgemeine Lohnniveau senken und den Staat ausschließlich Geld kosten würden.

Dieses Bild wird auch in Umfragen widergespiegelt. Während die befragten Mittelständler eher positive Auswirkungen auf die deutsche Wirtschaft erwarten (Abb. 3), äußert sich knapp die Hälfte der befragten deutschen Bevölkerung skeptisch darüber (Eisnecker & Schupp, 2016, S. 162).

Die **gesamtwirtschaftlichen** Folgen der Flüchtlingszuwanderung sind heute nur sehr schwer abzusehen und hängen von vielen Voraussetzungen ab, die von den Flüchtlingen mitgebracht werden. Wichtig hierbei sind vor allem die Altersstruktur, das Bildungsniveau und die Berufserfahrung (Hentze & Kolev, 2016, S. 60). Aktuelle Untersuchungen zeigen, dass fast zwei Drittel der Asylbewerber des Jahres 2016 männlich und knapp 74 Prozent unter 30 Jahre alt waren (Tab. 1). Dies sind grundsätzlich gute Voraussetzungen, da die Flüchtlinge dadurch mittel- und langfristig helfen können die Überalterung der deutschen Gesellschaft zu mildern und bei entsprechender Ausbildung auch dem Problem des prognostizierten Arbeitskräfteengpasses entgegenwirken können (Wrobel, 2016, S. 16). Der bestehende und sich ausweitende Fachkräftemangel auf dem deutschen Arbeitsmarkt wird durch die große Zahl an Flüchtlingen allerdings nicht abrupt behoben (Hinte, Rinne & Zimmermann, 2015, S. 747). Dies hat vielfältige Gründe. Wenn Flüchtlinge in die Bedarfsanforderungen des deutschen Arbeitsmarkts fallen, ist dies dem Zufall geschuldet, denn das deutsche Asylrecht erlaubt generell keine Auswahl gemäß Arbeitsmarkteignung (Hinte et al., 2015, S. 747). Dies ist der große Unterschied gegenüber Arbeitsmigranten, die in der Regel „schneller integrierbar" (Hinte et al., 2015, S. 747) sind als Flüchtlinge. Des Weiteren zieht es Flüchtlinge eher in wirtschaftlich erfolgreiche Regionen. Dies führt dazu, dass die demografische Ungleichheit und der Fachkräftemangel in wirtschaftlich schwächeren Regionen wohl kaum gemildert wird (Wrobel, 2016, S. 17). Um die positiven Effekte in Bezug auf den Fachkräfteengpass zu verstärken, ist es notwendig, möglichst früh „neben den asylrelevanten Daten auch arbeitsmarktrelevante Daten" (Hinte et al., 2015, S. 751) der Menschen aufzunehmen und somit Potentiale zu entdecken (Hinte et al., 2015, S. 747). Der Fokus muss darauf liegen, innerhalb der Gruppe der Flüchtlinge, Fachkräfte aufzuspüren (Hinte et al., 2015, S. 751).

Die Aussagen, dass Flüchtlinge deutschen Arbeitnehmern die Arbeitsplätze wegnähmen, es also zu einer Art „Verdrängungseffekt" (Hinte et al., 2015, S. 748) komme und sich automatisch das allgemeine Lohnniveau verringere, lassen sich empirisch nicht bestätigen (Hinte et al., 2015, S. 748). So kam eine Studie des Instituts für Arbeitsmarkt- und Berufsforschung (IAB) der Bundesagentur für Arbeit im Jahre 2015 zu dem Ergebnis, dass die Zuwanderung auf lange Sicht kaum Einfluss auf die Arbeitslosenquote und das Lohnniveau in Deutschland haben wird und deutsche Arbeitskräfte sogar gewinnen würden (Brücker, 2015, S. 1). Diese positiven Effekte für die einheimische Bevölkerung zeigen sich auch in einer Untersuchung von Foged und Peri. Sie untersuchten die Auswirkungen der starken Einwanderung von Flüchtlingen in Dänemark von 1990 bis 2008 und fanden heraus, dass die niedrig-qualifizierten dänischen Arbeiter vom Zuzug sogar profitierten. Aufgrund von anfänglichen Sprachbarrieren übten die Flüchtlinge zumeist einfachere Arbeiten aus. Daraus resultierte eine Art „Verdrängung" der heimischen Arbeiter in bessere und anspruchsvollere Arbeiten und folglich ein höherer Lohn (Foged & Peri, 2016, S. 1ff.).

Außerdem füllen Flüchtlinge oft die vorhandenen Lücken in den Branchen, „die für heimische Arbeitskräfte weniger attraktiv sind" (Hentze & Kolev, 2016, S. 61). Gerade in der Produktion gibt es ein hohes Übereinstimmungspotenzial. In diesem Bereich fehlen 50 Prozent des deutschen Mittelstandes geeignete Bewerber (Abb. 4). Da in diesem Sektor häufig bereits angelernte Fähigkeiten ausreichend sind, ergibt sich eine gute Ausgangsposition für beide Seiten.

Die Implikationen für die **Staatsfinanzen** und die gesamtwirtschaftliche Entwicklung sind in verschiedenen Untersuchungen modelliert und in Anbetracht verschiedener Annahmen und Entwicklungen getestet worden. Die Simulation des

Instituts der deutschen Wirtschaft (Abb. 5) sagt Staatsausgaben in Höhe von fast 29 Milliarden Euro im Jahre 2020 für Flüchtlingsunterbringung und -unterstützung in Deutschland voraus. Ausgehend von rund 18 Milliarden im Jahr 2016 steigt der Betrag vor allem aufgrund des wachsenden Familiennachzugs und der damit verbundenen, höheren Zahl der nicht erwerbstätigen Flüchtlinge (Hentze & Kolev, 2016, S. 67). Gemäß der Simulation (Abb. 6) erhöht sich aber auch das Bruttoinlandsprodukt im Jahr 2020 um annähernd 30 Milliarden Euro im Vergleich zur hypothetischen Situation ohne Flüchtlingsaufnahme. Die Zahl schwankt um plus-/minus 5 Milliarden Euro, bei Erwägung eines positiveren oder negativeren Verlaufs. Solch eine Entwicklung fußt vor allem auf dem gestiegenen privaten und staatlichen Konsum sowie den höheren Staatsausgaben für Investitionszwecke z.B. in sozialen Wohnungsbau oder Bildung. Der dadurch steigende deutsche Import führt zusätzlich zu einem geringeren deutschen Handelsbilanzüberschuss, da die Importzuwächse die Exportzuwächse überschreiten (Hentze & Kolev, 2016, S. 69f.)

Die wirtschaftliche Entwicklung verläuft also zunächst positiv, bis sie ab einem ungewissen Zeitpunkt durch die steigende Staatsverschuldung gedämpft wird.

Im Hinblick auf die Staatseinnahmen ergeben sich erst langfristig gesehen positive Entwicklungen, nämlich dann, wenn die Integration von Flüchtlingen in den Arbeitsmarkt weiter vorangeschritten ist und von ihnen mehr Einkommenssteuer und Sozialabgaben gezahlt werden. Wie stark diese berechneten Effekte allerdings in der Zukunft eintreten, hängt davon ab, wie schnell die Flüchtlinge in den Arbeitsmarkt integriert werden können und der Ausbau ihres Bildungsniveaus voranschreitet (Hentze & Kolev, 2016, S. 71f.).

Es zeigt sich demnach, dass die schnelle Arbeitsmarktintegration von Flüchtlingen nicht nur für die Menschen selbst eine wichtige Rolle spielt, sondern auch für die gesamtwirtschaftliche Entwicklung sowie für die Staatsfinanzen eine hohe Relevanz besitzt.

Warum also zurzeit nur in 16 Prozent der deutschen Mittelstandsbetriebe Flüchtlinge arbeiten (Abb. 2) liegt an einer Vielzahl von Barrieren, die es bei der Einstellung und Beschäftigung von Flüchtlingen zu beachten gibt. Diese Barrieren werden im folgenden Kapitel in verschiedene Dimensionen eingeteilt und ausgewählte Barrieren analysiert.

3 Dimensionsanalyse der Integrationsbarrieren

Trotz der zuvor dargestellten großen Bedeutung der Integration von Flüchtlingen in den deutschen Arbeitsmarkt, findet eine konkrete Stellenbesetzung in der Praxis häufig nicht statt oder scheitert kurz nach der Einstellung an unterschiedlichen Gründen. Die zugrundeliegenden Beschäftigungsbarrieren sind unterschiedlicher Natur.

Im Verlauf dieser Analyse werden aus Unternehmenssicht drei übergeordnete Barrieredimensionen vorgestellt und die jeweils wichtigsten, von einem einzelnen Unternehmen überwindbaren, Teilbarrieren analysiert. Eine detaillierte Analyse aller Teilbarrieren ist aufgrund des limitierten Umfangs dieser Thesis nicht möglich.

Nicht Gegenstand dieser Thesis sind zwei weitere Barrieren, die von einem einzelnen Unternehmen nicht überwunden werden können, für die die betriebliche Praxis jedoch nicht weniger relevant sind. Zum einen ist dies die politisch-rechtliche Barriere, die i.d.R. jedoch nur eine Hürde für nicht-anerkannte oder geduldete Asylbewerber darstellt, die in dieser Arbeit nicht behandelt werden. Zum anderen ist dies die gesellschaftliche Barriere, bei der angenommen wird, dass ein einzelnes Unternehmen nicht genügend Einfluss hat die öffentliche Meinung zu beeinflussen.

3.1 Barrieren auf individueller Ebene

Die gemäß diverser Arbeitgeberstudien zufolge größten Einstellungshindernisse liegen bei den Flüchtlingen selbst (vgl. Flake et al., 2017, S.4; OECD, 2017, S. 34; Aumüller, 2016, S. 15). Immer wieder werden fehlende Qualifikationen und vor allem mangelnde Deutschkenntnisse genannt. Ebenso gehören zu den individuellen Barrieren Krankheitsbilder, insbesondere auch psychologische Krankheiten, ausgelöst von traumatischen Erlebnissen der Flucht oder in den Fluchtländern selbst sowie ein mangelndes soziales Netzwerk in Deutschland. Auch falsche Vorstellungen bzw. Unkenntnis des deutschen Arbeitsmarktes gehören in diese Kategorie. Ebenso kann mangelnde Motivation, wie bei einheimischen Erwerbsfähigen auch, eine Erwerbstätigkeit verhindern.

Im Folgenden wird die individuelle Barriere der mangelnden Sprachkenntnisse analysiert.

Mangelnde Sprachkenntnisse

„Sprache hat im Prozess der individuellen wie der gesellschaftlichen Integration eine herausgehobene Bedeutung, da sie mehrere Funktionen erfüllt." (Esser, 2006, S. 1)

Sie wird nicht nur zur alltäglichen Kommunikation genutzt, sondern dient auch als wichtige Ressource auf dem Arbeitsmarkt (Esser, 2006, S. 1). Gerade im Betrieb ist der Stellenwert der Sprache besonders hoch. Nahezu alle Arbeitsprozesse heutzutage sind mit sprachlicher Kommunikation verbunden oder fußen vollkommen auf sprachlichen Fähigkeiten. Dies trifft vor allem auf den immer größer werdenden Dienstleistungsbereich der deutschen Wirtschaft zu (Heckmann, 2015, S. 109). Ohne Sprachkenntnisse können keine Arbeitsanweisungen verstanden, keine Absprachen mit Kollegen getroffen und keine Kunden bedient werden (Woellert, Sievert, Neubecker & Klingholz, 2016, S. 16). Sprache kann zusätzlich Zusammengehörigkeit signalisieren oder umgekehrt, bei Nichtbeherrschung, zu Diskriminierung oder Abgrenzung führen. Außerdem kann sprachliche Vielfalt einerseits zu innovativen Ideen und einem Austausch der Kulturen führen, andererseits auch Verständigungsprobleme verursachen, die die innerbetrieblichen Abläufe stören (Esser, 2006, S. 1).

Wie in Kapitel 2.2 bereits beschrieben wurde gehört Sprache zum Humankapital, in das Flüchtlinge investieren können, um für andere Marktteilnehmer interessant zu werden. Diese Annahme geht einher mit dem Humankapitalmodell von Chiswick.

Diesem Modell zufolge determiniert sich die Arbeitsmarktintegration von Zuwanderern anhand von zwei Faktoren. Zum einen sei dies die Übertragbarkeit des im Ursprungsland angeeigneten Humankapitals auf die Ansprüche des neuen Arbeitsmarktes und zum anderen die Anreize, die Zuwanderer haben in landesspezifisches Humankapital, wie die Sprache des Aufnahmelandes, zu investieren (Chiswick, 1978, zit. n. Bauer, 2015, S. 307). Ein Mangel an landesspezifischem Humankapital kann hierbei eine produktive Nutzung des im Herkunftsland erworbenen Humankapital blockieren. Dabei wird die Sprache als wichtigste Komponente des landesspezifischen Humankapitals erachtet (Chiswick & Miller, 2014, zit. n. Bauer, 2015, S. 307).

Für Flüchtlinge lässt sich hieraus ein Nachteil gegenüber Arbeitsmigranten ableiten. Die Flucht war in den meisten Fällen ungeplant und erfolgte ohne lange Vorlaufzeit, verglichen zur klassischen Arbeitsmigration. Somit haben die meisten

Flüchtlinge auch nicht die Möglichkeit gehabt, bereits im Vorhinein Maßnahmen einzuleiten, die ihr bisheriges Humankapital für den deutschen Arbeitsmarkt vorbeireitet hätten. Ebenso selten wurde bereits im Fluchtland landesspezifisches Humankapital des neuen Landes, wie zum Beispiel die Sprache, erworben, da der zukünftige Aufenthaltsort oft nicht vorhersehbar war (Bauer, 2015, S. 307). Dieses Bild spiegelt sich auch in Umfragen unter Flüchtlingen wider. Somit hatten rund 90 Prozent der befragten Asylbewerber, die zwischen 2013 und Anfang 2016 einen Asylantrag gestellt haben, zum Zeitpunkt ihrer Einreise in die Bundesrepublik keine Deutschkenntnisse in Wort oder Schrift (BAMF, 2016a, S. 37). Im Vergleich zu Arbeitsmigranten fehlt Flüchtlingen allerdings oft die Option der Rückkehr in das Heimatland, was dazu führt, dass aufgrund des erwarteten, längeren Aufenthalts größere Anstrengungen unternommen werden, in landesspezifisches Humankapital zu investieren (Bauer, 2015, S. 307).

Der fehlende Erwerb der Landessprache des Aufnahmelandes vor der Flucht stellt allerdings nicht das einzige Problem dar. Für 44 Prozent der befragten Asylbewerber ist Arabisch die Muttersprache. Dies ist gefolgt von kurdisch mit 14 Prozent, die mit Abstand häufigste vorkommende Erstsprache unter Flüchtlingen (BAMF, 2016a, S. 37). Arabisch weist allerdings, nicht nur wegen des arabischen Alphabets, eine hohe linguistische Distanz zur deutschen Sprache auf. Diese hohe linguistische Distanz zwischen der Erst- und der Zweitsprache ist laut Esser eine der Schwierigkeiten für Zuwanderer beim Zweitsprachenerwerb (2006, S. 2).

Auch die Integrationskurse des BAMF, deren integrierte Sprachkurse das B1 Niveau gemäß europäischem Referenzrahmen vermitteln sollen, reichen meist nur aus, um die Qualifikation für wenig anspruchsvolle Jobs sicherzustellen (Woellert et al., 2016, S. 16). Ein mittelmäßiges B1-Niveau, dass im letzten Jahr laut Studien des BAMF fast 60 Prozent der Teilnehmer erreichten (Tab. 2), ist häufig nicht gut genug, um eine Ausbildung zu beginnen und in der Berufsschule dem Unterricht zu folgen (Woellert et al., 2016, S. 16).

Somit sind weitere Sprachlernangebote von anderen Trägern notwendig, um ein ausreichendes Sprachniveau herzustellen und insbesondere das berufsbezogene Vokabular zu lehren. Welche Rolle Unternehmen dabei spielen können, wird in Kapitel 4.1 behandelt.

In der Regel sind die Folgen von sprachlichen Defiziten u. a. eine geringere Chance überhaupt einen Arbeitsplatz zu finden, eine höhere Stellung darin zu erlangen, sowie signifikante Einbußen beim Einkommen. Diese Effekte sind umso stärker, je höher der sprachliche Anteil an den Gesamtaufgaben des jeweiligen Berufsbildes ist (Esser, 2006, S. 4).

In manchen Fällen ist die schlechtere Stellung von Migranten allerdings auch auf statistische Diskriminierung aufgrund von Sprachproblemen zurückzuführen. Hierbei führen defizitäre Sprachkenntnisse bei den Unternehmen zu der Befürchtung von höheren Transaktionskosten oder einer Unterschätzung der fachlichen Eignung. In der Folge fällt die Wahl des Unternehmens letztendlich auf einen muttersprachlichen Bewerber und Zuwanderer könnten in der Konsequenz in der Zukunft von Bewerbungen absehen, vor allem, wenn geeignete Stellen in Nischenökonomien der eigenen Ethnie zur Verfügung stehen (Esser, 2006, S. 4). Dies führt wiederum zu einer Art „Negativkreislauf", da starke binnenethnische Beziehungen in vielen Fällen die Integration blockieren (Esser, 2006, S. 5) und keine Motivation zum Zweitsprachenerwerb darstellen.

3.2 Barrieren auf Unternehmensebene

Die Barrieren für eine Einstellung von Flüchtlingen sind allerdings nicht nur bei den Flüchtlingen selbst zu finden. Auch innerhalb der Unternehmen, beispielweise bei Belegschaft oder im Management sind Barrieren zu finden, die eine Einstellung verhindern oder erschweren. Darunter zählen u.a. Diskriminierung, Vorurteile, Ablehnung der Belegschaft, Mehraufwand und Mehrkosten, fehlende Erfahrung und Wissen im Umgang sowie rechtliche Unsicherheiten und mangelnder Zugang zur Zielgruppe. Die folgenden Analysen werden die Teilbarrieren Diskriminierung und Ablehnung der Belegschaft behandeln.

Diskriminierung

„Ein ... häufig genannter Ansatz zur Erklärung der Benachteiligung von Migranten auf dem Arbeitsmarkt ist die Diskriminierungstheorie." (Heckmann, 2015, S. 105)

Unter Diskriminierung wird ganz allgemein Ungleichbehandlung verstanden. Jedoch ist nicht jede Ungleichbehandlung Diskriminierung, denn es muss unterschieden werden zwischen legitimer, also gerechtfertigter Ungleichbehandlung und illegitimer, also ungerechtfertigter Ungleichbehandlung. Diskriminierung bezeichnet lediglich die illegitime Ungleichbehandlung von Menschen, die die Würde des Einzelnen verletzt. Es wird also nicht impliziert, dass alle Menschen unter allen Umständen immer gleichbehandelt werden müssen (Heckmann, 2015, S. 105).

Diskriminierung ist allerdings nicht gleich Diskriminierung. In der Literatur wird Diskriminierung in drei Formen aufgeteilt, die sich je nach Motiv und Struktur unterscheiden. Zum einen gibt es die *individuelle* Diskriminierung, zum anderen die *institutionelle* Diskriminierung und zuletzt die *strukturelle* Diskriminierung (Heckmann, 2015, S. 106). Da für diese Arbeit jedoch nur die individuelle Diskriminierung und ihre verschiedenen Unterformen relevant sind, werden die anderen beiden Formen nicht weiter betrachtet.

Eine Form der individuellen Diskriminierung ist die *interpersonale* Diskriminierung. Von interpersonaler Diskriminierung wird gesprochen, wenn in persönlichen, zwischenmenschlichen Interaktionen oder Beziehungen eine ungerechtfertigte Ungleichbehandlung auftritt. Hierbei ist es egal, ob die Vorurteile oder Stereotypen, auf denen die Ungleichbehandlung beruht, von rassistischen, nationalistischen, antisemitischen oder anderen Anschauungen herrühren. Eine weitere Form der individuellen Diskriminierung ist die, in Kapitel 3.1 kurz angesprochene, *statistische* Diskriminierung. Diese ist für den Arbeitsmarkt besonders relevant, da aufgrund eines Vorurteils über eine bestimmte Gruppe, zum Beispiel über die Leistungsfähigkeit, Angehörige dieser Gruppe ungerechtfertigt benachteiligt werden.

Bei der dritten Form der individuellen Diskriminierung liegt zwar beim Diskriminierenden selbst kein eigenes Vorurteil zugrunde, die ungleiche Behandlung geht allerdings trotzdem von ihm oder ihr aus. *Opportunistische* Diskriminierung tritt nämlich auf, wenn von der Einstellung, zum Beispiel eines Flüchtlings, abgesehen wird, da angenommen wird, dass Gruppen von deren Wohlwollen eine Abhängigkeit besteht, eine Gleichbehandlung ablehnen oder sanktionieren würden. Solche Gruppen können im Unternehmen selbst ansässig sein oder außerhalb des Unternehmens stehen, wie es bei Kunden der Fall ist (Heckmann, 2015, S. 106). Die Bedeutung der opportunistischen Diskriminierung in der unternehmerischen Praxis zeigt sich auch in Studien. Eine Befragung von 1.030 Unternehmen im Jahre 2016 zeigte, dass 20 Prozent der Personalverantwortlichen, Vorbehalte der Kunden als ein Hemmnis bei der Einstellung von Flüchtlingen ansehen. Darüber hinaus gab rund ein Viertel der Unternehmen, die 2017 nicht planten Flüchtlinge einzustellen, an, dass mögliche Vorbehalte der Kunden sie davon abhalten würden. Allerdings gibt es eine Diskrepanz zwischen Dienstleistungsunternehmen und Betrieben des Industrie- und Bausektors. Waren es im Dienstleistungssektor 23,1 Prozent der Befragten, die Vorbehalte der Kunden als Hemmnis ansahen, waren es in der Industrie- und Baubranche gerade einmal 9,4 Prozent. Ein höherer Kundenkontakt im Dienstleistungsbereich scheint die Unternehmen dem Anschein nach also zögern zu lassen, Flüchtlinge einzustellen (Flake et al., 2017, S. 12f.). Das Vorhandensein der drei Formen der Diskriminierung in der Realität des deutschen Arbeitsmarktes kann als weitestgehend sicher angenommen werden. In welchem Ausmaß Diskriminierung allerdings stattfindet lässt sich kaum sagen, da mit Ausnahme der subjektiv wahrgenommenen Diskriminierung, eine Messung nur schwer möglich ist und Diskriminierung meist im Verborgenen stattfindet. Zwar wird grundsätzlich davon ausgegangen, dass für Unternehmen der wirtschaftliche Erfolg und damit Motivation und Qualifikation eines Arbeitnehmers im Vordergrund stehen, allerdings wird diese Annahme von zwei Thesen relativiert. Sollten sich Vorurteile auf Merkmale der allgemeinen Leistungsfähigkeit oder Motivation ethnischer Gruppen beziehen, kann es sein, dass Mitglieder dieser Gruppe ungerechtfertigt ungleichbehandelt werden, indem ihre Bewerbungen zum Beispiel gar nicht erst für die Stellenvergabe in Erwägung gezogen werden. Dies ist ein typisches Verhaltensmuster der statistischen Diskriminierung. Eine weitere Relativierung der Gleichbehandlungsannahme liegt im Bereich der opportunistischen Diskriminierung. In manchen Fällen scheint es den Personalverantwortlichen nämlich so, dass es dem Unternehmenserfolg zuträglich sei, ethnische Präferenzen bei der Mitarbeiterauswahl zu befolgen. In diesem Fall geschieht dies nicht aufgrund von eigenen Vorurteilen, sondern weil antizipiert wird, dass zum Beispiel Geschäftspartner oder Kunden diese Präferenzen bevorzugen (Heckmann, 2015, S. 107f.).

Eine Studie von Kaas und Manger brachte 2012 empirische Evidenz für statistische Diskriminierung auf dem deutschen Arbeitsmarkt. Sie verschickten Praktikumsbewerbungen an Firmen, einmal mit deutschklingendem Namen und einmal mit türkischklingendem Namen. Die Qualifikation war jedoch die gleiche. Das Ergebnis war, dass die vermeintlich deutschen Bewerber 14 Prozent häufiger zu Bewerbungsgesprächen eingeladen wurden. Diese Diskrepanz verschwand allerdings, sobald allen Bewerbungen Empfehlungsschreiben ehemaliger Arbeitgeber beigelegt wurden. Dies kann als Beweis für statistische Diskriminierung angesehen werden (Kaas & Manger, 2012, S. 1).

Da der Großteil der Flüchtlinge allerdings noch nie in Deutschland gearbeitet hat, demzufolge auch keine Referenzschreiben besitzt, kann statistische Diskriminierung generell als eine Barriere bei der Einstellung von Flüchtlingen angesehen werden. Wie individuelle Diskriminierung im Unternehmen abgebaut werden kann, wird in Kapitel 4.2 dargestellt.

Ablehnung der Belegschaft

In der Haltung der Stammbelegschaft eines Betriebes spiegelt sich oft die allgemeine Stimmungslage des Landes wider (OECD & UNHCR, 2016, S. 5). Während zu Beginn der Flüchtlingswelle ein großer Teil der befragten Deutschen der gelebten Willkommenskultur positiv entgegenstanden, verlor diese Einstellung in der deutschen Bevölkerung immer mehr an Zuspruch (Zick & Preuß, 2016, S. 3). Viele sehen sich Bedrohungen, die mit der Aufnahme von Flüchtlingen einhergehen könnten, wie einer erhöhten Terrorismusgefahr, ausgesetzt (Zick & Preuß, 2016, S. 21). Des Weiteren fühlen sich immer mehr der Befragten eingeengt und haben die Befürchtung von Flüchtlingen „überrannt" zu werden (Zick & Preuß, 2016, S. 10). Ebenfalls ist in den letzten Jahren die Zustimmung zur Aussage gewachsen, dass sich Neuankömmlinge zunächst einmal mit weniger zufriedengeben sollen. Im Vergleich zu 2013/2014 stieg der Anteil der Befragten, die diese Meinung vertreten um 11,7 Prozentpunkte auf 44,1 Prozent (Abb. 7). Dies ist gerade für die Stimmung in Betrieben ein entscheidender Aspekt, da diese eingeforderten „Etabliertenvorrechte" oft aus der Angst vor Arbeitsplatzverlust oder Neid auf eine vermeintliche Sonderbehandlung der Neuankömmlinge entstammen (OECD & UNHCR, 2016, S. 5). Wie in Kapitel 2.3.2 bereits beschrieben wurde ist die Angst um den Arbeitsplatz allerdings oft unbegründet, da sich in Studien eine Verdrängung deutscher Arbeitnehmer durch Flüchtlinge nicht bestätigt hat und auch nicht vorausgesagt wird. Dies liegt nicht nur an den anfänglich mangelnden Sprachkenntnissen der Flüchtlinge, sondern auch an der zurzeit robusten Verfassung des deutschen Arbeitsmarktes (Kruip, 2017, S. 147).

In manchen Fällen können jedoch auch einfache Vorurteile und Misstrauen die Quelle für eine ablehnende Haltung innerhalb der Belegschaft sein (OECD & UNHCR, 2016, S. 5). Misstrauen gegenüber Flüchtlingen wird nämlich oft durch die sprachlichen Barrieren, die in Kapitel 2.3.1 beschrieben sind, verstärkt, da durch mangelnde Verständigung kein ausreichendes Zusammengehörigkeitsgefühl innerhalb der Belegschaft aufkommen kann. Dies kann somit in manchen Fällen die Entfremdung, Abgrenzung oder Diskriminierung verursachen oder vergrößern (Esser, 2006, S. 1).

Eine tiefergehende Erklärung der Abnahme der Willkommenskultur in Deutschland liefert die soziale Identitätstheorie von Tajfel und Turner. „Nach dieser Theorie neigen Individuen dazu, Menschen nach verschiedenen Merkmalen wie Religionszugehörigkeit, Nationalität und Herkunft zu kategorisieren. Diese Kategorisierung führt dazu, dass anderen Menschen prototypische Eigenschaften zugeschrieben werden. Es sind vor allem Kategorisierungen identitätsstiftend, die in Abgrenzung zu anderen Gruppen vorgenommen werden. Wenn sich jemand als typisch deutsch kategorisiert, dann erfolgt damit gleichzeitig eine Abgrenzung zu anderen Nationalitäten. Die Betonung von Unterschieden zwischen der eigenen und einer anderen Nationalität, Kultur sowie zwischen denen, die bereits hier waren und den ‚Neuen', führt im Extremen zu einer Dichotomisierung, die wiederum Rassismus hervorrufen kann." (vgl. Mecheril, 2007, zit. n. Paulsen, Kortsch, Kauffeld, Naegele, Mobach & Neumann, 2016, S. 244)

Um zu verhindern, dass sich solch eine Dichotomisierung anhand des Merkmals der Nationalität in den Betrieben festsetzt, ist es wichtig, dass sich Management und Interessensvertretungen für die Integration stark machen (Müller & Schmidt, 2016, S. 9).

Welche Maßnahmen es gibt und wie diese in Betrieben umgesetzt werden können, um die Aufnahmebereitschaft und Offenheit der Mitarbeiter aktiv zu fördern, wird in Kapitel 4.2 diskutiert.

3.3 Barrieren auf interkultureller Ebene

Die letzte Ebene, die im Rahmen dieser Thesis analysiert werden soll, ist die interkulturelle Ebene. Gemäß Duden bedeutet das Wort „interkulturell": „Die Beziehung zwischen verschiedenen Kulturen betreffend" (Dudenreaktion, o. J.). Diese Beziehung verläuft nicht immer harmonisch, besonders, wenn die kulturelle Distanz groß ist. Werden nun beispielsweise die deutsche und die arabische Kultur betrachtet, der ein Großteil der in den letzten Jahren in Deutschland schutzsuchenden Menschen entstammt (BAMF, 2017b, S. 8), kann eine große Distanz festgestellt werden. Diese kulturellen Differenzen können ebenso wie unterschiedliche Vorstellungen des Berufsbildes (Aumüller, 2016, S. 39) Probleme verursachen, die oft erst nach der Einstellung eines Mitarbeiters zu Tage treten.

Die nachfolgende Analyse handelt von den Problemen, die bei der Qualifikationsvermittlung u.a. während der Ausbildung von Flüchtlingen auftreten können.

Probleme bei der Qualifikationsvermittlung

Aufgrund des niedrigen Altersdurchschnitts der aktuell Schutzsuchenden, ist es wichtig, den Schwerpunkt auf die Ausbildung dieser Menschen zu legen. Dies ist auch in Hinblick auf den Fachkräftemangel wichtig, da nur so sichergestellt werden kann, dass die Qualifikationen der Flüchtlinge der Nachfrage auf dem deutschen Arbeitsmarkt entsprechen. Die Politik hat dies verstanden und einige rechtliche bzw. administrative Hürden, die in der Vergangenheit hemmend auf die Einstellung von Asylsuchenden gewirkt haben, abgebaut. Die neue ‚3+2-Regelung', die den Betrieben unter gewissen Auflagen durch eine gesicherte Aufenthaltserlaubnis während der Ausbildung und in zwei darauffolgenden Jahren mehr Planungssicherheit bei der Ausbildung von Asylbewerbern verschafft, ist nur eine der Neuerungen.

Diese rechtlichen Rahmenbedingungen standen in der Vergangenheit häufig im Fokus der öffentlichen Diskussionen, wohingegen die Schwierigkeiten im Betrieb, die während der Qualifikationsvermittlung auftreten können, selten diskutiert wurden. Diese reichen von unterschiedlichen Auffassungen von Höflichkeit, über den Umgang mit Autoritätspersonen bis hin zu religiösen Besonderheiten, um nur ein paar Beispiele zu nennen (Bethscheider, Hörsch, Settelmeyer, 2011, S. 12f.). Eine Studie von Bethscheider, Hörsch & Settelmeyer zeigt u.a., dass unterschiedliche Auffassungen von Respekt und Höflichkeit zu einer gewissen Distanz zwischen Auszubildendem und den Kollegen bzw. dem Ausbilder führen können (2011, S. 12f.). Oft wird etwa kritisiert, dass Auszubildende sich bei Verständigungsschwierigkeiten, trotz mehrmaliger Ermunterung, nicht artikulieren würden (Bethscheider, 2016, S. 3). Dies liegt u.a. daran, dass Kommunikation in unserer Gesellschaft als informelles Symbol der Zugehörigkeit gilt, währenddessen in der Erziehung anderer Kulturkreisen eine aktive Konversationsteilhabe, vor allem in Situationen mit Eltern bzw. Autoritätspersonen, nicht gewollt oder zumindest nicht gefördert wird. Diese resultierende „Sprachblockade" belastet nun das Ausbildungsverhältnis, da von den Ausbildern in der Regel eine „Sag, wenn du etwas nicht verstehst-Mentalität" eingefordert wird (Bethscheider, Hörsch, Settelmeyer, 2011, S. 12f.). Teilweise führe die „Sprachblockade" sogar dazu, dass Auszubildende in Situationen, in denen sie etwas nicht verstanden haben, es bevorzugen sich zu entfernen, anstatt noch einmal nachzufragen. Ebenfalls würden sprachlich anspruchsvolle Situationen, wie Kunden- oder Telefongespräche, gemieden (Bethscheider, 2016, S. 3).

Eine andere mögliche Erklärung dieses Problems ist die ungleiche Kommunikationssituation, in der der Ausbilder als Muttersprachler einem Sprachanfänger gegenübersteht, der seine sprachliche Unsicherheit oft durch Zurückhaltung zu verschleiern versucht. Nicht zuletzt spielt dabei Angst eine Rolle durch Fehler jedweder Art, Missverständnisse zu provozieren, die sich negativ auf den Verbleib im Betrieb und das Verhältnis zum Ausbilder auswirken könnten (Granato et al., 2016, S. 22).

Solch problematische Situationen können jedoch nicht nur am Arbeitsplatz, sondern auch bei formloseren Anlässen, wie beispielsweise während Betriebsfeiern, auftreten. Ein Verzicht auf Schweinefleisch oder Alkohol zum Beispiel, kann zu einer Unterscheidung zwischen „denen" und „uns" führen und das Zusammengehörigkeitsgefühl im Betrieb stören (Bethscheider, Hörsch & Settelmeyer, 2011, S. 13f.).

Es geschieht häufig, dass für jede Verhaltensweise der Geflüchteten ihre Kultur, die Sprache oder die Religion verantwortlich gemacht wird. Dies ist jedoch oft falsch und kann dazu führen, dass vorschnelle Schlüsse gezogen, und andere wichtige Aspekte, die das Verhalten der Flüchtlinge beeinflussen, außer Acht gelassen werden. Grund dafür ist, dass die Ursachen von Konflikten nicht jederzeit erkennbar sind (Bethscheider, 2016, S. 3).

Kapitel 4.3 wird sich damit auseinandersetzen, wie Unternehmen ihre Ausbilder unterstützen können, für die besonderen Herausforderungen im Umgang mit Flüchtlingen besser vorbereitet zu sein, und folglich u.a. Blockaden besser verstehen zu können, Missverständnissen vorzubeugen und damit einen harmonischeren Umgang im Betrieb zu erreichen.

4 Diskussion

4.1 Überwindung der Sprachbarriere

Die Bedeutung, die die Sprache für eine erfolgreiche Arbeitsmarktintegration hat, die Probleme, die es beim Spracherwerb gibt und die Folgen, die aus mangelnden Sprachkenntnissen erwachsen, wurden ausführlich in Kapitel 3.1 diskutiert.

In diesem Abschnitt werden nun verschiedene Ansätze aufgezeigt, wie Unternehmen diesen Problemen begegnen und Flüchtlingen beim Erlernen und Anwenden der Sprache unterstützen können.

Eine Strategie umfasst das Anbieten von innerbetrieblichen Sprachlernangeboten (Berg & Leinecke, 2014, S. 5) als Ergänzung zu den staatlich organisierten Deutschkursen, die wie beschrieben, oft kein ausreichendes Sprachniveau vermitteln.

Häufig schaffen es die betrieblichen Weiterbildungsangebote sogar besser, die betrieblich benötigten Qualifizierungen zu vermitteln, als standardisierte Lernangebote (Blaschke et al., 2015, S. 34). Auch die Arbeitgeber sind von der Notwendigkeit überzeugt. Mehr als drei Viertel der befragten Arbeitgeber halten berufsbezogenen Sprachunterricht für sehr relevant (OECD, 2017, S. 35).

Für innerbetriebliche Sprachkurse beauftragt ein Unternehmen einen Sprachkursanbieter und stimmt sich mit diesem, über die genauen Anforderungen und Lernziele des Kurses ab. Somit kann der Schwerpunkt auf berufsbezogenes Deutsch und die Vermittlung von Vokabeln gelegt werden, die in der jeweiligen Firma besonders wichtig sind.

Um solch einen Kurs erfolgreich zu gestalten, sind in der Abstimmung mit dem ausgewählten Anbieter mehrere Schritte notwendig. Zunächst muss eine Sprachbedarfsermittlung erfolgen, um die Inhalte exakt auf die Anforderungen des Betriebes abzustimmen (Berg & Leinecke, 2014, S. 5).

Im nächsten Schritt müssen die Teilnehmer auf ihren bisherigen Leistungsstand in den Bereichen Hören, Sprechen, Lesen und Schreiben getestet werden. Zudem sind Gespräche mit den Teilnehmern sinnvoll, in dem diese ihre Arbeitsanforderungen schildern können. Aufbauend auf den vorherigen zwei Schritten wird im dritten Schritt nun das Sprachangebot inhaltlich konzipiert und Rahmenbedingungen wie Gruppengröße, Dauer und Frequenz festgelegt (Berg & Leinecke, 2014, S. 6).

Eine weniger aufwendige Möglichkeit ist der Einsatz von Sprachpaten bzw. Sprachmentoren. Sprachpaten sind in der Regel motivierte Mitarbeiter, die sich bereit erklären den Lernprozess eines neuen Mitarbeiters aktiv zu begleiten und zu fördern, indem sie beispielsweise bei Unklarheiten zur Seite stehen, neue Wörter erklären oder auf Fehler aufmerksam machen.

Geeignet dafür sind Mitarbeiter mit sicherem Sprachgebrauch, unabhängig davon, ob sie Muttersprachler sind oder nicht. Zudem sollten die Sprachpaten genügend Zeit zur Verfügung haben, um ihre Aufgabe gewissenhaft wahrzunehmen und die Ziele, die im Vorfeld unternehmensintern abgesprochen wurden, zu erreichen.

Trotz aller Vorteile, die dieses Konzept mit sich bringt, sind Sprachpaten in aller Regel keine ausgebildeten Sprachdidaktiker, die das System der deutschen Sprache vollumfänglich erklären können (Berg & Leinecke, 2014, S. 18).

Nichtsdestotrotz können sich Sprachpaten zusätzlich als Sprachbeauftragte allen Fragen im Bereich der Sprache im Unternehmen annehmen. Beispielsweise können Sprachbeauftragte Schilder und Anweisungstexte auf ihre Verständlichkeit hin überprüfen oder Listen mit wichtigen Wörtern für unterschiedliche Fachbereiche erstellen. Die Zeit, die für Sprachpaten oder Sprachbeauftragte eingesetzt wird zahlt sich meist aus, da sich durch die individuelle Einarbeitung am Arbeitsplatz die generelle Einarbeitungszeit verkürzt (Berg & Leinecker, 2014, S. 19).

Neben solchen Angeboten ist es wichtig, die Sprache im Arbeitsalltag anzupassen, um Menschen, die sich im Sprachlernprozess befinden, das Kommunizieren zu vereinfachen und Missverständnisse vorzubeugen. Bei der mündlichen Kommunikation sollte vor allem darauf geachtet werden in Gegenwart von Lernenden langsam und deutlich zu reden. Des Weiteren kann es helfen, Themen deutlich voneinander abzugrenzen und Ironie und Redewendungen, zumindest am Anfang, zu reduzieren, da diese von Anfängern oft nicht oder missverstanden werden. In der schriftlichen Kommunikation sind es verschachtelte Satzstrukturen, die Verwendung des Passivs oder diffizile Wörter, die häufig Probleme beim Verständnis hervorrufen. Ebenfalls können Bebilderungen und Piktogramme auf Schildern oder Maschinen die Verständlichkeit fördern und Missverständnisse verhindern (Berg & Leinecke, 2014, S. 11ff.). Allerdings muss hier beachtet werden, dass solch eine „augenfällige Sonderaktion" für Unmut in der Belegschaft sorgen kann und dementsprechend sorgfältig abgewogen werden muss (Knuth, 2016, S. 21).

Für kleinere Unternehmen, für die betriebliche Sprachkurse oder Sprachmentoren zu viel Zeit und Ressourcen binden würden, gibt es andere Möglichkeiten ihre Mitarbeiter beim Erlenen der Sprache zu unterstützen. Hier bieten sich vor allem Online-Sprachkurse oder mobile Applikationen (Apps) an, die von verschiedenen Anbietern, teilweise sogar kostenlos, bezogen werden können (BDA, 2016, S. 13).

Praxisbeispiel

Eine Firma, die bereits erfolgreich berufsbezogene Sprachförderungskurse für Migranten durchgeführt hat, ist die Borbet Solingen GmbH, ein mittelständischer Leichtmetallfelgenerzeuger. Dort waren die sprachlichen Anforderungen an die zumeist ausländischen Mitarbeiter in der Produktion aufgrund des hohen körperlichen Anteils der Arbeit lange relativ gering. Nachdem 2005 die Produktion automatisiert wurde, spielten gute Deutschkenntnisse auf einmal eine wichtige Rolle, da Probleme mit Maschinen präzise beschrieben, Listen geführt und Protokolle geschrieben werden mussten. Um Probleme vorzubeugen und Arbeitsabläufe zu optimieren, entschloss sich die Firma zusammen mit einem externen Bildungsträger, der Gesellschaft für Berufliche Bildung Solingen, berufsbezogene Sprachkurse anzubieten (Dälken, 2015, S. 31).

Die Finanzierung dieses Kurses geschah durch Mittel des Europäischen Sozialfonds und wurde über das BAMF koordiniert und abgerechnet. Somit musste die Borbet Solingen GmbH lediglich den Lohn der Kursteilnehmer zahlen, die für die Zeit des Kurses entgeltlich freigestellt wurden. Die Mitarbeiter mussten für die Teilnahme keinerlei Kosten tragen (Dälken, 2015, S. 31; DGB Bildungswerk Bund e.V., 2011, S. 7f.). Lediglich im Falle eines Ausscheidens aus dem Unternehmen in den ersten fünf Jahren nach Abschluss des Kurses mussten die Teilnehmer gestaffelt entweder 75%, 50% oder 25% der Kurskosten zurückzahlen (DGB Bildungswerk Bund e.V., 2011, S. 8).

Um auf das Angebot aufmerksam zu machen, wurden diverse Informationsveranstaltungen in den jeweiligen Muttersprachen der Belegschaft durchgeführt, welche zu einer regen Kursnachfrage führten (DGB Bildungswerk Bund e.V., 2011, S. 7).

Da neben den alltäglichen Sprachkenntnissen der Schwerpunkt auf unternehmensspezifischem Deutsch lag, informierte sich der Anbieter vorab während einer Unternehmensbegehung über die notwendigen Fähigkeiten, die ein Teilnehmer am Ende des Kurses besitzen sollte (Dälken, 2015, S. 31).

Nachdem die Sprachniveautests durchgeführt wurden startete der Kurs mit 80 Einheiten, die allgemeine Sprachkenntnisse vermittelten. Anschließend wurde der Schwerpunkt auf fachsprachliche Aspekte gelegt, indem Emails geschrieben, Arbeitsanweisungen gelesen und Formulare und Übergabeprotokolle ausgefüllt wurden.

Durch die Nähe von Theorie und Praxis konnten schnell Lernerfolge erzielt und diese direkt am Arbeitsplatz umgesetzt werden (Dälken, 2015, S. 31; DGB Bildungswerk Bund e.V., 2011, S. 7).

4.2 Überwindung unternehmensinterner Barrieren

In Kapitel 3.2 wurden die Barrieren Diskriminierung und Ablehnung der Belegschaft ausführlich analysiert. Die Maßnahmen, die ein Unternehmen zur Überwindung dieser Hindernisse einsetzen kann, sind nicht alle strikt einer der beiden Barrieren zuzuordnen und beeinflussen indirekt die jeweils andere Hürde. Aus diesem Grund werden die Lösungsmaßnahmen im Folgenden gemeinsam diskutiert.

„Zahlreiche Studien und Praxisbeispiele belegen, dass Integration durch ein proaktives Vorgehen auf Unternehmensseite möglich ist." (Ternès et al., 2017, S. 84)

Grundlage dafür ist die Einsicht aller beteiligten Gruppen, dass Integration von Migranten und Flüchtlingen im Unternehmen kein reiner Selbstzweck, sondern sinnhaft und wichtig ist. Darauf aufbauend müssen sich Management, Belegschaft und Zugewanderte aktiv an diesem Prozess beteiligen und sich währenddessen offen und respektvoll begegnen.

Ziel muss es sein, eine offene Unternehmenskultur, besser sogar eine Willkommenskultur, im Unternehmen zu etablieren (BDA, 2016, S. 11).

Dies kann durch gezieltes Vielfalts- bzw. Diversity-Management über verschiedene Kanäle erfolgen. In der Personalabteilung beispielsweise können interkulturelle Kompetenzen in Stellenausschreibungen oder Stellenprofile integriert (BDA, 2016, S. 11) sowie interkulturelle Trainings und -Schulungen für die Belegschaft und die neuen Mitarbeiter konzipiert und durchgeführt werden, um alle Mitarbeiter für diese Themen zu sensibilisieren (BDA, 2016, S. 17).

Für kleinere Betriebe, die über keine ausreichenden Personalressourcen zur Konzeption und Durchführung solcher Schulungen verfügen, gibt es staatliche Förderprogramme, die solche Schulungen im Unternehmen durchführen. Themen dieser Trainingsprogramme sind u.a. Diversity-Management, interkulturelle Personalentwicklung oder Abbau von Vorurteilen und Diskriminierung (Ternès et al., 2017, S. 79).

Ein Augenmerk dieser Trainings sollte darauf liegen, die Chancen und Vorteile darzustellen, die eine diversifizierte Belegschaft bietet, denn Migranten und Flüchtlinge bringen oft andere Sprachkenntnisse mit, besitzen eine hohe kulturelle Kompetenz und zeichnen sich zudem oft mit einem hohen Maß an Mobilität, Mut und Belastbarkeit aus. Diese Eigenschaften führen im besten Fall dazu, dass neue Märkte im Ausland erschlossen werden und ein internationales Netzwerk aufgebaut wird (BDA, 2016, S. 6). Dass diese Effekte allen Mitarbeitern zugutekommen, liegt auf der Hand.

Die Wichtigkeit einer Diversitätssensibilisierung der Belegschaft hat auch der Großteil (56 Prozent) der befragten Personalverantwortlichen verstanden, der bei einer Unternehmensbefragung im Jahre 2016 angab, dass die Sensibilisierung der Belegschaft für die Integration von Flüchtlingen eine wichtige organisatorische Voraussetzung sei (Abb. 8). Ganze 72 Prozent behaupteten sogar, bereits Sensibilisierungsmaßnahmen im eigenen Betrieb durchgeführt zu haben (Abb. 9).

Zusätzlich zum Diversity-Management, das eingesetzt werden kann, um die interkulturelle Kompetenzen der Mitarbeiter zu schulen, gibt es noch andere Möglichkeiten, eine ablehnende Haltung innerhalb der Stammbelegschaft zu reduzieren.

Wie in Kapitel 3.2 beschrieben sind es oft Misstrauen und Vorurteile, die Ausgrenzung und Segregation entstehen lassen. Hier können spezielle Praktikumsangebote für Flüchtlinge helfen persönlichen Kontakt herzustellen und im Verlaufe des Praktikums mögliche Voreingenommenheiten abzubauen (Heckmann, 2015, S. 110). Eine Erklärung für dieses Phänomen liefert die Kontakthypothese von Allport aus dem Jahre 1954. Diese „besagt, dass häufiger Kontakt zu Mitgliedern anderer Gruppen ... (z.B. ethnische Minoritäten) die Vorurteile gegenüber diesen Gruppen reduziert. Dies sollte nach Allport besonders dann der Fall sein, wenn die Personen in der Kontaktsituation (1) kooperative Ziele verfolgen ..., von (2) gleichem Status sind, (3) miteinander interagieren müssen, um ihre Ziele zu erreichen, und der Kontakt (4) von Autoritäten unterstützt wird" (van Dick, 2017). Diese Bedingungen können im Betrieb, gerade durch den Einsatz von Projektteams oder Fertigungsinseln, erzeugt werden und bieten somit eine gute Grundlage für eine gelingende Integration.

Praktika für Flüchtlinge helfen allerdings nicht nur Vorurteile und Misstrauen ab-zubauen, sondern können ebenfalls helfen, statistische Diskriminierung (siehe 3.2) durch das persönliche Kennenlernen zu durchbrechen. Denn während der Dauer des Praktikums bekommen Flüchtlinge die Chance, ihre Qualifikationen und ihr Verhalten im Betrieb unter Beweis zu stellen (Heckmann, 2015, S. 110) und dadurch die Vorurteile über die Leistungsfähigkeit oder Motivation einer be-stimmten Gruppe zu widerlegen. Des Weiteren können Flüchtlinge durch das i.d.R ausgestellte Referenzschreiben des Praktikumsbetriebes einer erneuten statisti-schen Diskriminierung während eines zukünftigen Bewerbungsprozesses entge-hen.

Ein weiterer Baustein für mehr Akzeptanz von Migranten bzw. Flüchtlingen in-nerhalb der Belegschaft können Flüchtlingspaten bzw. –mentoren sein. Ähnlich wie Sprachpaten (Kapitel 4.1), haben die Flüchtlingspaten die Aufgabe neue Mit-arbeiter zu unterstützen, allerdings nicht mit dem Schwerpunkt der Sprachförde-rung. Stattdessen können die Paten den Neuankömmlingen zu Beginn bei allen Fragen behilflich sein (Ternès et al., 2017, S. 79), die informellen Regeln des Be-triebs vermitteln und sie in die sozialen Rituale wie das gemeinsame Mittagessen oder betriebliche Sportangebote integrieren.

Außerbetrieblich kann das Engagement beispielsweise auf Unterstützung bei Be-hördengängen oder der Wohnungssuche beliebig erweitert werden (Deutscher Industrie- und Handelskammertag e. V. (DIHK), 2017, S. 51).

In den meisten Fällen ist es sinnvoll, bei ausreichender Kapazität des Paten, die Sprachpatenschaft mit der allgemeinen Betreuung zu kombinieren, um einen fes-ten Ansprechpartner für alle Themen bereitzustellen und somit Missverständnis-se oder Doppelarbeit vorzubeugen. Aufgeschlossenheit, interkulturelle Sensibili-sierung und eine kleine Einführung in das Asylrecht helfen dem Mentor dabei, dem Flüchtling kompetent bei Problemen und Fragen zur Seite zu stehen (DIHK, 2017, S. 51f.).

Verstärkt werden kann der Erfolg solcher Mentoring-Programme durch eine durchgehende Begleitung durch die Personalabteilung. Mentoren können sich bei Problemen an einen Ansprechpartner wenden und das Unternehmen kann die berufliche Eingliederung besser steuern (BDA, 2016, S. 28).

Der Kreativität der Unternehmen ist hinsichtlich der weitergehenden Förderung des interkulturellen Austausch' innerhalb des Betriebes keinerlei Grenze gesetzt. Beispielsweise kann zum besseren Kennenlernen ein gemeinsames Willkommensfest ausgerichtet werden, zu dem die Mitarbeiter ihre Familien und Gerichte aus ihrer jeweiligen Heimat mitbringen (DIHK, 2017, S. 51).

Indirekt dienen sämtliche Maßnahmen, die für die Förderung einer Willkommenskultur und dem Abbau von Vorbehalten der Belegschaft gedacht sind, auch dem Abbau von opportunistischer Diskriminierung (siehe 3.2). Werden nun etwa verschiedene der oben beschriebenen Maßnahmen durchgeführt, die im besten Fall zu einer Verringerung der Vorbehalte führen, müssen Führungskräfte eines Unternehmens bei Einstellung eines Flüchtlings oder Migranten keinen oder geringeren Widerstand von Seiten dieser Interessengruppe befürchten.

Zusätzlich zum Abbau der Skepsis innerhalb der Belegschaft, die für opportunistische Diskriminierung verantwortlich sein kann, sind es in vielen Fällen auch mögliche Bedenken der Kunden. Dagegen können Kommunikationsstrategien für Kunden entwickelt werden, die die Vorteile der Beschäftigung von Flüchtlingen hervorheben und damit für alle verständlich erläutern (OECD & UNHCR, 2016, S. 5).

Praxisbeispiel

Ein Unternehmen, dass in den letzten zwei Jahren eine herausragende Stellung in der Flüchtlingshilfe und -integration eingenommen hat, ist die Deutsche Telekom AG. Im Unternehmen wird die Willkommenskultur durch viele Maßnahmen gefördert und ist dadurch tief in der Unternehmenskultur verankert. Grund dafür ist nicht zuletzt die Einsicht, dass kulturelle Vielfalt ein notwendiger Aspekt der Belegschaftszusammensetzung und im internationalen Umfeld des Unternehmens unverzichtbar sei (BDA, 2016, S. 9).

Für eine schnelle und unbürokratische Ersthilfe wurde vom Vorstand im Jahre 2015 eine unternehmensinterne Task-Force eingerichtet, die mehrere Maßnahmen ausarbeitete. Unter anderem wurden viele Flüchtlingsunterkünfte mit kostenlosem WLAN ausgestattet, Behörden bei der Suche nach geeigneten Unterbringungsstätten unterstützt (Telekom, 2015a) und über 500 Mitarbeiter des Unternehmens kurzfristig dem BAMF zur Verfügung gestellt, um bei der Bearbeitung der Asylanträge zu unterstützen (Erle, 2016).

Neben diesen Ersthilfemaßnahmen fördert die Deutsche Telekom auch die Integration von Flüchtlingen in den Arbeitsmarkt. Es wurde nicht nur das Internet-Jobportal ‚careers4refugees.de' entwickelt, das gezielt Praktika und Jobs für Flüchtlinge anbietet (Erle, 2016), sondern auch die Webseite ‚handbookgermany.de' erstellt, welche mit vielen Videos ein großes Informationsangebot für Flüchtlinge zur Erstorientierung oder dem Spracherwerb zur Verfügung stellt (Neue Deutsche Medienmacher, 2017).

Darüber hinaus stellt die Deutsche Telekom selbst viele Praktikums-, Ausbildungs- und Stipendienplätze für Flüchtlinge zur Verfügung und bietet mit dem ‚Praktikum PLUS Direkteinstieg'-Programm Menschen eine Chance, die aufgrund von Integrationshemmnissen, wie einer nicht abgeschlossenen Ausbildung im Herkunftsland, geringe Erfolgsaussichten auf dem Arbeitsmarkt gehabt hätten (Telekom, o.J.). Die Praktika werden durch einen Flüchtlingspaten (Telekom, 2017) sowie einen Online-Deutschkurs begleitet und stehen neben anerkannten Flüchtlingen auch Asylbewerbern offen, deren Verfahren noch nicht abgeschlossen ist (Erle, 2016).

Auch die Mitarbeiter der Telekom werden aktiv in diesen Eingliederungsprozess mit einbezogen. Beim ‚Train-The-Trainer'-Programm zum Beispiel schulen Personalexperten der Telekom Vertreter von Flüchtlingsinitiativen darauf, selbst Bewerbertrainings für Flüchtlinge durchzuführen (Wir-Zusammen, o.J.).

Des Weiteren engagieren sich Mitarbeiter als Lernpaten an Volkshochschulen (Wir-Zusammen, o.J.), organisieren ‚Social-Days' für Flüchtlinge und tauschen sich über das unternehmensinterne Netzwerk ‚engagement@telekom.de' über eigene Projekte und Initiativen aus (Telekom, 2015a). Bei einem solchen ‚Social-Day' im Jahre 2015 beispielsweise organisierten Mitarbeiter eine Veranstaltung in einem Flüchtlingsheim in Bonn-Duisdorf, bei dem neben einem großen Kleiderspendenbasar auch Geldspenden und Lernmaterialien gesammelt wurden (Telekom, 2015b).

Neben dem großen Engagement, das die Telekom bei der Aufnahme und Integration der Flüchtlinge zeigt, tut das Unternehmen viel dafür, seine Mitarbeiter interkulturell zu sensibilisieren und den Kulturaustausch innerhalb der Belegschaft zu fördern. So wird etwa während der ‚Intercultural Week' Essen von den verschiedensten Telekomstandorten angeboten oder bei ‚International Days' die Möglichkeit geboten, Kolleginnen und Kollegen aus unterschiedlichen Kulturen kennenzulernen. Zudem bieten sogenannte ‚Culture Guides' oder -Trainings allen Mitarbeitern, jederzeit und nach individuellem Wunsch, Informationen und Tipps über spezifische Verhaltensweisen und Merkmale anderer Kulturen (BDA, 2016, S. 9).

4.3 Überwindung der Qualifikationsvermittlungsbarriere

Nicht zuletzt aufgrund der beschriebenen Probleme in Kapitel 3.3 fordert das Bundesministerium für Bildung und Forschung die Stärkung der interkulturellen Kompetenz von Ausbildern durch niedrigschwelliges, interkulturelles Online-Training zur Sensibilisierung (Bundesministerium für Bildung und Forschung, 30.09.2015).

Dabei wird der Begriff interkulturelle Kompetenz meist definiert als die Gesamtheit von Fähigkeiten und Kenntnissen, die einen „produktiven Umgang mit der Komplexität kultureller Überschneidungssituationen erlauben" (Leenen, Groß & Grosch, 2010, S. 110).

Dass interkulturelle Kompetenz für Ausbilder im Umgang mit Flüchtlingen wichtig ist und dabei hilft Missverständnisse und Konflikte zu verhindern, ist unstrittig.

Wie in Kapitel 3.3 beschrieben, ergibt sich dadurch jedoch auch die Gefahr, der vereinfachenden kulturellen Deutung von Verhaltensweisen.

Um dem vorzubeugen müssen sich Ausbilder darüber bewusst werden, dass es noch viele weitere Aspekte gibt, die Schwierigkeiten oder Konflikte hervorrufen können.

Denkbare Einflüsse, die für Migranten genauso wie für Menschen ohne Migrationshintergrund relevant sein können, sind fehlendes Interesse, eine eher introvertierte Persönlichkeit, die einseitige Machtverteilung in Kommunikationssituationen aufgrund der ungleichen Sprachbeherrschung (siehe 3.3) sowie eine nicht vertrauensvolle persönliche Beziehung zwischen Auszubildendem und Ausbilder (Bethscheider, 2016, S. 3f.).

Durch die Vielzahl der möglichen Gründe ergibt sich die Notwendigkeit für den Ausbilder, sich eng und individuell mit jedem Auszubildendem zu beschäftigen. Denn nur der persönliche Kontakt ermöglicht es dem Betreuer sich ein genaues Bild der familiären, rechtlichen und persönlichen Lage des Auszubildenden zu verschaffen und herauszufinden, was der Auslöser für etwaige Schwierigkeiten sein kann. Für diese anspruchsvolle Aufgabe bedarf es jedoch einem hohen Maß an Geduld und Selbstreflexion, welches nicht bei jedem Menschen vorausgesetzt werden kann. Ziel des Prozesses muss es sein, auf die individuellen Eigenschaften des Auszubildenden einzugehen und nicht unbedacht auf kulturelle Erklärungsansätze zurückzugreifen.

Um diese unvoreingenommen Haltung, eine Haltung der „Reflektierten Offenheit" einzunehmen, bedarf es professioneller Unterstützungs- bzw. Fortbildungsangebote. Während dieser Schulungen können neben den Zuständigkeiten auch die Grenzen aufgezeigt werden, welche nicht mehr in den Verantwortungsbereich des Ausbilders fallen. Bei Hinweisen auf eine traumatische Erkrankung beispielsweise bedarf es professioneller, externer Unterstützung und der Zusammenarbeit mit Fachkräften (Bethscheider, 2016, S. 4f.). Zusätzlich zu solchen Fortbildungen können in speziellen Foren Erfahrungen mit anderen ausgetauscht und gemeinsam reflektiert werden (Granato, 2016, S. 23).

Ebenfalls sollten Ausbilder Schulungen im Bereich der didaktischen Sprachvermittlung besuchen, um die in 3.3 beschriebenen Ängste und die damit einhergehende sprachliche Zurückhaltung abzubauen sowie die Herausforderung zu meistern, Kommunikationssituationen zu gestalten, die den Flüchtling als Sprachlernenden nicht überfordern (Granato et al., 2016, S. 22). Zudem müssen Ausbilder die Erkenntnis gewinnen, dass sie als sprachliche Vorbilder einen entscheidenden Einfluss auf den Lernprozess ihres Lehrbefohlenen besitzen (Bethscheider & Wullenweber, 2016, S. 44). Neben der Teilnahme an den Schulungen sollten die Tipps zur mündlichen Kommunikation aus Kapitel 4.1 beachtet werden.

5 Fazit

Die große mediale Aufmerksamkeit, die dem Thema der Integration von Flüchtlingen in den deutschen Arbeitsmarkt zu Teil wird ist berechtigt, denn eine erfolgreiche Integration ist nicht nur für die Flüchtlinge selbst, sondern auch für die
deutsche Wirtschaft und den Staat von enormer Bedeutung. In Hinblick auf die
Beschäftigung von Flüchtlingen gibt es zurzeit jedoch noch einige Barrieren, die
die deutschen Arbeitgeber von einer höheren Beschäftigung von Geflüchteten abhalten. Eine Einteilung der Barrieren in verschiedene Dimensionen erfolgt, mei-
nem Kenntnisstand nach zum ersten Mal, in dieser Bachelorthesis. Aus Unternehmenssicht werden neben der politisch-rechtlichen Ebene und der gesellschaftlichen Ebene, die in dieser Arbeit nicht Teil der Betrachtung sind, die individuelle Ebene, die Unternehmensebene sowie die interkulturelle Ebene dargestellt. Für jede Dimension werden die wichtigsten Teilbarrieren analysiert und
Lösungsansätze skizziert, wie Unternehmen diese Barrieren überwinden können.
Die Praxisbeispiele sollen Unternehmen aufzeigen, auf welche Art und Weise andere Unternehmen diese Lösungsansätze bereits in der Vergangenheit umgesetzt
haben.

In Bezug auf die einleitende Frage, ob Deutschland die Herausforderungen durch
die Aufnahmen von Flüchtlingen bewältigen könne, schließe ich mich den 34,6
Prozent der Optimisten an (Abb. 1). Deutschland wird die benötigten Rahmenbedingungen schaffen können, um die vielen bereits angekommenen und die in Zukunft ankommenden Flüchtlinge zu integrieren. Dafür bedarf es jedoch einem ko-
ordinierten Zusammenspiel von allen Akteuren, vom Staat bis hin zum einzelnen
Bürger.

Die Diskussion rund um die Verbesserung der rechtlichen bzw. politischen Rahmenbedingungen ist schon seit einiger Zeit Gegenstand der Forschung. Die Politik
scheint die gewonnenen Erkenntnisse verstanden zu haben und hat in den letzten
Jahren einige Gesetze zur besseren (Arbeitsmarkt-) Integration erlassen. Im
nächsten Schritt sollten jedoch vermehrt die Barrieren auf individueller Ebene,
Unternehmensebene und interkultureller Ebene im Zentrum der Forschung stehen, um den beschäftigungswilligen Unternehmen die Einstellung von Flüchtlingen weiterhin zu erleichtern.

Literaturverzeichnis

Ahrens, P.A. (2017). *Skepsis und Zuversicht: Wie blickt Deutschland auf Flücht-linge?*. Sozialwissenschaftliches Institut der Evangelischen Kirche in Deutschland (Hrsg.). Hannover: creo-media.

Aumüller, J. (2016). *Arbeitsmarktintegration von Flüchtlingen: bestehende Pra-xisansätze und weiterführende Empfehlungen*. Gütersloh: Bertelsmann-Stiftung (Hrsg.) [Online]. Verfügbar unter HTTP: Hostname: www.bertelsmann-stiftung.de Verzeichnis: /fileadmin/files/Projekte/28_Einwanderung_und_Vielfalt/Studie_IB_Arbe itsmarktintegration_Fluechtlinge_2016.pdf [07.06.2017].

BAMF. (2014). *Das deutsche Asylverfahren - ausführlich erklärt: Zuständigkeiten, Verfahren, Statistiken, Rechtsfolgen* [Broschüre]. Nürnberg: Bundesamt für Migration und Flüchtlinge (Hrsg.) [Online]. Verfügbar unter HTTP: Host-name: www.hebammenhilfe-fuer-fluechtlinge.de Verzeichnis: /wp-content/uploads/2015/06/das-deutsche-asylverfahren.pdf [16.06.2017].

BAMF. (2016a). *IAB-BAMF-SOEP-Befragung von Geflüchteten: Überblick und ers-te Ergebnisse. Forschungsbericht* (29) [Online]. Verfügbar unter HTTP: Hostname: www.bamf.de Verzeichnis: /SharedDocs/Anlagen/DE/Publikationen/Forschungsberichte/fb29-iab-bamf-soep-befragung-gefluechte-te.html;jsessionid=6EB3F1559A52E3AF8F24528716158B79.2_cid286?n n=1366152 [11.07.2017].

BAMF. (2016b). *Aktuelle Zahlen zu Asyl - Tabellen Diagramme Erläuterungen* (12/2016) [Online]. Verfügbar unter HTTP: Hostname: www.bamf.de Ver-zeichnis: /SharedDocs/Anlagen/DE/Downloads/Infothek/Statistik/Asyl/aktuelle-zahlen-zu-asyl-dezember-2016.html?nn=7952222 [24.07.2017].

BAMF. (2017a). *Bericht zur Integrationskursgeschäftsstatistik für das Jahr 2016* [Online]. Verfügbar unter HTTP: Hostname: www.bamf.de Verzeichnis: /SharedDocs/Anlagen/DE/Downloads/Infothek/Statistik/Integration/20 16/2016-integrationskursgeschaeftsstatistik-gesamt_bund.pdf?_blob=publicationFile [15.07.2017].

BAMF. (2017b). *Aktuelle Zahlen zu Asyl* [Online]. Verfügbar unter HTTP: Hostname: www.bamf.de Verzeichnis: /SharedDocs/Anlagen/DE/Downloads/Infothek/Statistik/Asyl/aktuelle-zahlen-zu-asyl-juli-2017.html?nn=7952222 [15.08.2017].

Bauer, T.K. (2015). Schnelle Arbeitsmarktintegration von Asylbewerbern – Was ist zu tun?. *Zeitschrift für Wirtschaftspolitik*, 64 (3), 305-313.

BDA. (2016). *Willkommenskultur - Ein Leitfaden für Unternehmen im Umgang mit ausländischen Fachkräften* [Broschüre]. Berlin: Bundesvereinigung der Deutschen Arbeitgeberverbände (Hrsg.) [Online]. Verfügbar unter HTTP: Hostname: www.arbeitgeber.de Verzeichnis: /www/arbeitgeber.nsf/res/200DFA1EA7BAF2BEC1257A3E00336A5F/$file/BDA_Willkommenskultur.pdf [01.08.2017].

Berg, W. & Leinecke, R. (2014). *„Deutsch habe ich im Betrieb gelernt." - Berufsbezogenes Deutsch im Unternehmen verankern* [Broschüre]. Braunschweig: IQ Netzwerk Niedersachen (Hrsg.) [Online]. Verfügbar unter HTTP: Hostname: www.deutsch-am-arbeitsplatz.de Verzeichnis: /aktuelles/detailnachrichten/artikeldetails/broschuere-deutsch-habe-ich-im-betrieb-gelernt-berufsbezogenes-deutsch-im-unternehmen-verankern.html [01.08.2017].

Bethscheider, M., Hörsch, K. & Settelmeyer, A. &. (2011). *Handlungskompetenz und Migrationshintergrund: Schulabsolventen und -absolventinnen mit Migrationshintergrund in der Ausbildung. Abschlussbericht*, Bonn: Bundesinstitut für Berufsbildung (BIBB).

Bethscheider, M. & Wullenweber, K. (2016). Deutsch als Zweitsprache und Mehrsprachigkeit von Auszubildenden - Impulse zur Förderung einer sprachsensiblen Haltung des Ausbildungspersonals. *Berufsbildung in Wissenschaft und Praxis, 45 (3)*, 44-47. [Online]. Verfügbar unter HTTP: Hostname: www.bibb.de Verzeichnis: /veroeffentlichungen/de/bwp/show/8008 [14.08.2017].

Blaschke, A., Boettcher, J., Bothe, J., Götze, C., Hendrichs, C., Krickau, O., Linder, A. & Schottenhammer, H. (2015). *Flüchtlinge in Arbeit und Ausbildung – Potentiale für Wirtschaft und Gesellschaft. Bilanzpapier*, Berlin: Nationales Thematisches Netzwerk im ESF-Bundesprogramm.

Brenzel, H., Czepek J., Kubis, A., Moczall, A., Rebien, M., Röttger, C., Szameitat, J., Warning, A. & Weber, E. (2016). *Stellen werden häufig über persönliche Kontakte besetzt: Neueinstellungen im Jahr 2015. IAB-Kurzbericht* (Nr. 4), Nürnberg: IAB.

Brücker, H. (2015). *Mehr Chancen als Risiken durch Zuwanderung. Aktuelle Berichte* (01/2015), Nürnberg: IAB [Online]. Verfügbar unter HTTP: Hostname: www.iab.de Verzeichnis: /389/section.aspx/Publikation/k150116302 [15.08.2017].

Bundesministerium für Bildung und Forschung. (2015, 30. September). *Bildung ist der Schlüssel. Pressemitteilung* (Nr. 127/ 2015) [Online]. Verfügbar unter HTTP: Hostname: www.bmbf.de Verzeichnis: /de/bildung-ist-der-schluessel-1596.html [14.08.2017].

Chope, C. (2014). *Refugees and the right to work. Report des Komitees für Migration, Flüchtlinge und Vertriebene der Parlamentarischen Versammlung des Europarats* (Dok.-Nr.: 13462) [Online]. Verfügbar unter HTTP: Hostname: www.assembly.coe.int Verzeichnis: /nw/xml/XRef/Xref-DocDetails-EN.asp?FileID=20569&lang=EN [15.08.2017].

Dälken, M. (2015). Beschäftigte mit Migrationshintergrund integrieren – Beispiele guter Praxis. *Betriebs- und Dienstvereinbarungen.* Düsseldorf: Hans-Böckler-Stiftung [Online]. Verfügbar unter HTTP: Hostname: www.boeckler.de Verzeichnis: /pdf/mbf_bvd_integration.pdf [07.06.2017].

DGB Bildungswerk Bund e.V. (2011). *Diversity als Zukunftsaufgabe – Interkulturelle Öffnung von Betrieben. Schriftenreihe Migration und Arbeitswelt* (Nr. 78) [Online]. Verfügbar unter HTTP: www.migration-online.de Verzeichnis: /publikation._aWQ9NDc2OQ_.html [08.08.2017].

DIHK. (2017). *Integration von Flüchtlingen in Ausbildung und Beschäftigung. Leitfaden für Unternehmen* [Online]. Verfügbar unter HTTP: Hostname: www.ihk-nrw.de Verzeichnis: /sites/default/files/page_files/Leitfaden_Integration_Fluchtlinge_Dez_2015.pdf [15.08.2017].

Dudenredaktion. (o. J.). „Interkulturell" auf Duden online [Online]. Verfügbar unter HTTP: Hostname: www.duden.de Verzeichnis: /node/652312/revisions/1612742/view [14.07.2017].

Eisnecker, P. & Schupp, J. (2016). Flüchtlingszuwanderung: Mehrheit der Deutschen befürchtet negative Auswirkungen auf Wirtschaft und Gesellschaft. *DIW-Wochenbericht*, 83 (8), 158-164.

Erle, C. (2016). *Vom Flüchtling zum Talent: Warum sich die Deutsche Telekom für Zuwanderer engagiert* [Online]. Verfügbar unter HTTP: Hostname: www.management-circle.de Verzeichnis: /blog/deutsche-telekom-engagiert-fuer-fluechtlinge/ [14.08.2017].

Ernst & Young GmbH Wirtschaftsprüfungsgesellschaft. (2017). *Mittelstandsbarometer Januar 2017: Befragungsergebnisse* [Online]. Verfügbar unter HTTP: Hostname: www.ey.com Verzeichnis: /Publication/vwLUAssets/ey-mittelstandsbarometer-januar-2017/$FILE/ey-mittelstandsbarometer-januar-2017.pdf [07.06.2017].

Esser, H. (2001). *Integration und ethnische Schichtung. Arbeitspapier* (Nr. 40), Mannheim: Mannheimer Zentrum für Europäische Sozialforschung [Online]. Verfügbar unter HTTP: Hostname: www.mzes.uni-mannheim.de Verzeichnis: /publications/wp/wp-40.pdf [15.08.2017].

Esser, H. (2006). *Migration, Sprache und Integration. AKI-Forschungsbilanz* (Bd.4), Berlin: Wissenschaftszentrum Berlin für Sozialforschung (WZB) - Arbeitsstelle Interkulturelle Konflikte und gesellschaftliche Integration (AKI) [Online]. Verfügbar unter HTTP: Hostname: www.nbn-resolving.de Verzeichnis: /urn:nbn:de:0168-ssoar-113493 [10.07.2017].

Flake, R., Jambo, S., Pierenkemper, S., Placke, B. & Werner, D. (2017). *Engagement von Unternehmen bei der Integration von Flüchtlingen: Erfahrungen, Hemmnisse und Anreize. Studie* [Online]. Verfügbar unter HTTP: Hostname: www.kofa.de Verzeichnis: /service/publikationen/detailseite/news/engagement-von-unternehmen-bei-der-integration-von-fluechtlingen [13.07.2017].

Foged, M. & Peri, G. (2016). Immigrants' effect on native workers: New analysis on longitudinal data. *American Economic Journal: Applied Economics*, 8 (2), 1-34.

Gestring, N. (2014). Was ist Integration?. In Gans, P. (Hrsg.), *Räumliche Auswirkungen der internationalen Migration* (S. 78-91). Hannover: Akademie für Raumforschung und Landesplanung.

Granato, M., Neises, F., Bethscheider, M., Garbe-Emden, B., Junggeburth, C., Prakopchyk, Y. & Raskopp, K. (2016). *Wege zur Integration von jungen Geflüchteten in die berufliche Bildung – Stärken der dualen Berufsausbildung in Deutschland nutzen. Fachbeiträge im Internet,* Bonn: Bundesinstitut für Berufsbildung (BIBB) [Online]. Verfügbar unter HTTP: Hostname: www.bibb.de Verzeichnis: /veroeffentlichungen/de/publication/show/8033 [11.08.2017].

Gronwald, S. (2015). *Flüchtlinge in Deutschland: Jung, männlich, gebildet, sucht Arbeit. Stern* [Online]. Verfügbar unter HTTP: Hostname: www.stern.de Verzeichnis: /wirtschaft/news/fluechtlinge--warum-jobs-so-wichtig-fuer-die--integration-sind-6514512.html [06.06.2017].

Häußermann, H. & Siebel, W. (2001). *Soziale Integration und ethnische Schichtung. Zusammenhänge zwischen räumlicher und sozialer Integration. Gutachten im Auftrag der Unabhängigen Kommission „Zuwanderung".* Berlin/ Oldenburg.

Heckmann, F. (2015). *Integration von Migranten: Einwanderung und neue Nationenbildung.* Wiesbaden: Springer Fachmedien.

Hentze, T. & Kolev, G. (2016). Gesamtwirtschaftliche Effekte der Flüchtlingsmigration in Deutschland. *IW-Trends - Vierteljahresschrift zur empirischen Wirtschaftsforschung aus dem Institut der deutschen Wirtschaft Köln,* 43 (4), 59-76.

Hinte, H., Rinne, U. & Zimmermann, K.F. (2015). Flüchtlinge in Deutschland: Herausforderung und Chancen. *Wirtschaftsdienst,* 95 (11), 744-751.

IHK Frankfurt am Main. (2017). *Erste Ergebnisse bei der Integration von Flüchtlingen in den Arbeitsmarkt* [Online]. Verfügbar unter HTTP: Hostname: www.frankfurt-main.ihk.de Verzeichnis: /presse/meldungen/2017/19526/index.html [07.06.2017].

Kaas, L. & Manger, C. (2012). Ethnic Discrimination in Germany's Labour Market: A Field Experiment. *German Economic Review,* 13 (1), 1-20.

Knuth, M. (2016). *Arbeitsmarktintegration von Flüchtlingen: Arbeitsmarktpolitik reformieren, Qualifikationen vermitteln. WISO Diskurs* (Nr. 21). Bonn: Friedrich-Ebert-Stiftung.

Kruip, G. (2017). Beteiligung an/ durch Erwerbsarbeit. Chancen und Schwierigkeiten für die Ankommenden und für die Aufnahmegesellschaft. In M. Heimbach-Steins (Hrsg.), *Zerreißprobe Flüchtlingsintegration* (S. 137-149). Freiburg: Herder.

Laschet, A. (2007). Neue Impulse für das deutsche Integrationsmodell. *Zeitschrift für Ausländerrecht und Ausländerpolitik (ZAR)*, 27 (1), 1-6.

Leenen, W.R., Groß, A. & Grosch, H. (2010). Interkulturelle Kompetenz in der Sozialen Arbeit. In G. Auernheimer (Hrsg.), *Interkulturelle Kompetenz und pädagogische Professionalität* (3. Aufl.) (S. 101-125). Wiesbaden: VS Verlag für Sozialwissenschaften.

Müller, A. & Schmidt, W. (2016). *Fluchtmigration und Arbeitswelt: Maßnahmen zur Integration von Flüchtlingen in großen Unternehmen. Studie der Hans-Böckler-Stiftung* (Bd. 339) [Online]. Verfügbar unter HTTP: Hostname: www.boeckler.de Verzeichnis: /6299.htm?produkt=HBS-006470&chunk=1 [13.07.2017].

Neue Deutsche Medienmacher. (2017). *Onlineknotenpunkt für geflüchtete Menschen in Deutschland: Wie Flüchtlinge mit Infos wirklich erreicht werden: handbookgermany.de* [Online]. Verfügbar unter HTTP: Hostname: www.neuemedienmacher.de Verzeichnis: /projekte/handbook-germany/ [14.08.2017].

OECD & UNHCR. (2016). *Beschäftigung von Flüchtlingen - Welche Chancen und Herausforderungen bestehen für die Arbeitgeber?. Migrationspolitik im Fokus* (Nr. 10) [Online]. Verfügbar unter HTTP: Hostname: www.oecd.org Verzeichnis: /els/mig/migration-policy-debates-10_de.pdf [07.06.2017].

OECD. (2017). *Nach der Flucht: Der Weg in die Arbeit - Arbeitsmarktintegration von Flüchtlingen in Deutschland* [Online]. Verfügbar unter HTTP: Hostname: www.oecd.org Verzeichnis: /berlin/publikationen/Arbeitsmarktintegration-von-Fluechtlingen-in-Deutschland-2017.pdf [08.06.2017].

Paulsen, H., Kortsch, T., Kauffeld, S., Naegele, L., Mobach, I. & Neumann, B. (2016). Anerkennung der beruflichen Kompetenzen von Flüchtlingen – Ein Beitrag zur Integration. *Gruppe, Interaktion, Organisation. Zeitschrift für Angewandte Organisationspsychologie (GIO)*, 47 (3), 243–254.

Rump, J. & Eilers, S. (2017). Integration von Flüchtlingen in den deutschen Arbeitsmarkt. In J. Rump & S. Eilers (Hrsg.), *Auf dem Weg zur Arbeit 4.0: Innovationen in HR* (S. 201-225). Berlin: Springer Gabler.

Telekom. (o. J.). *Flüchtlingshilfe* [Online]. Verfügbar unter HTTP: Hostname: www.telekom.com Verzeichnis: /de/verantwortung/details/fluechtlingshilfe-386096 [14.08.2017].

Telekom. (2015a). *Telekom sagt Hilfe bei Unterstützung von Flüchtlingen zu* [Online]. Verfügbar unter HTTP: Hostname: www.telekom.com Verzeichnis: /de/medien/medieninformationen/detail/telekom-sagt-hilfe-bei-unterstuetzung-von-fluechtlingen-zu-349232 [14.08.2017].

Telekom. (2015b). *Engagement für Flüchtlinge* [Online]. Verfügbar unter HTTP: Hostname: www.telekom.com Verzeichnis: /de/verantwortung/news/engagement-fuer-fluechtlinge-350072 [14.08.2017].

Telekom. (2017). *Refugees welcome – Ihr Einstieg bei der Telekom* [Online]. Verfügbar unter HTTP: Hostname: www.telekom.com Verzeichnis: /de/karriere/details/refugees-welcome-350996 [14.08.2017].

Ternès, A., Zimmermann, K., Herzog, L. & Udovychenko, M. (2017). Integration von Geflüchteten in das deutsche Wirtschaftssystem – Probleme, Potenziale, Perspektiven. In Springer Gabler (Hrsg.), *Flüchtlingsstandort Deutschland – eine Analyse. Chancen und Herausforderungen für Gesellschaft und Wirtschaft* (S. 63-85). Wiesbaden: Springer Gabler.

Thränhardt, D. (2015). *Die Arbeitsintegration von Flüchtlingen in Deutschland. Humanität, Effektivität, Selbstbestimmung* . Gütersloh: Bertelsmann-Stiftung (Hrsg.) [Online]. Verfügbar unter HTTP: Hostname: www.bertelsmann-stiftung.de Verzeichnis: fileadmin/files/Projekte/28_Einwanderung_und_Vielfalt/Studie_IB_Die_Arbeitsintegration_von_Fluechtlingen_in_Deutschland_2015.pdf [03.06.2017].

Dick, R. van (2017). Kontakthypothese. In M. A. Wirtz (Hrsg.), *Dorsch – Lexikon der Psychologie* [Online]. Verfügbar unter HTTP: Hostname: www.portal.hogrefe.com Verzeichnis: /dorsch/kontakthypothese/ [08.08.2017].

Vereinte Nationen. (1951). *Abkommen über die Rechtsstellung der Flüchtlinge vom 28. Juli 1951* [Online]. Verfügbar unter HTTP: Hostname: www.unhcr.org Verzeichnis: /dach/wp-content/uploads/sites/27/2017/02/DE_UNHCR-GFK-Pocket_2015.pdf [16.06.2017].

Walbrecht, S. (2010). Zwischen Arbeitszwang und Ausgrenzung - Härten und Widersprüche im Flüchtlingsalltag. In: Flüchtlingsrat Niedersachen e.V. (Hrsg.), *Arbeitsmarktzugang für Flüchtlinge und MigrantInnen.* (S. 10-15) [Online]. Verfügbar unter HTTP: Hostname: www.niedersachsen.dgb.de Verzeichnis: /themen/++co++10f8dac4-b38f-11e0-42de-00188b4dc422 [15.08.2017].

Wir-Zusammen. (o.J.). *Schnelle und pragmatische Hilfe* [Online]. Verfügbar unter HTTP: Hostname: www.wir-zusammen.de Verzeichnis: /patenschaften/deutsche-telekom-ag [14.08.2017].

Woellert, F., Sievert, S., Neubecker, N. & Klingholz, R. (2016). *An die Arbeit. Wie lokale Initiativen zur Integration von Flüchtlingen in den Arbeitsmarkt beitragen können. Diskussionspapier,* Berlin: Berlin-Institut für Bevölkerung und Entwicklung.

Wrobel, R. (2016). *Der deutsche Arbeitsmarkt zwischen Fachkräftemangel und Immigration: Ordnungspolitische Perspektiven in der Flüchtlingskrise. Ordnungspolitische Diskurse* [Online]. Verfügbar unter HTTP: Hostname: www.ordnungspolitisches-portal.com Verzeichnis: /Diskurse/Diskurse_2016-01.pdf [20.06.2017].

Zick, A. & Preuß, M. (2016). *Kurzbericht zum Projekt Zugleich – Zugehörigkeit und Gleichwertigkeit* [Online]. Verfügbar unter HTTP: Hostname: www.stiftung-mercator.de Verzeichnis: /de/publikation/kurzbericht-zum-projekt-zugleich-zugehoerigkeit-und-gleichwertigkeit/ [13.07.2017].

Anhang

Abbildungen

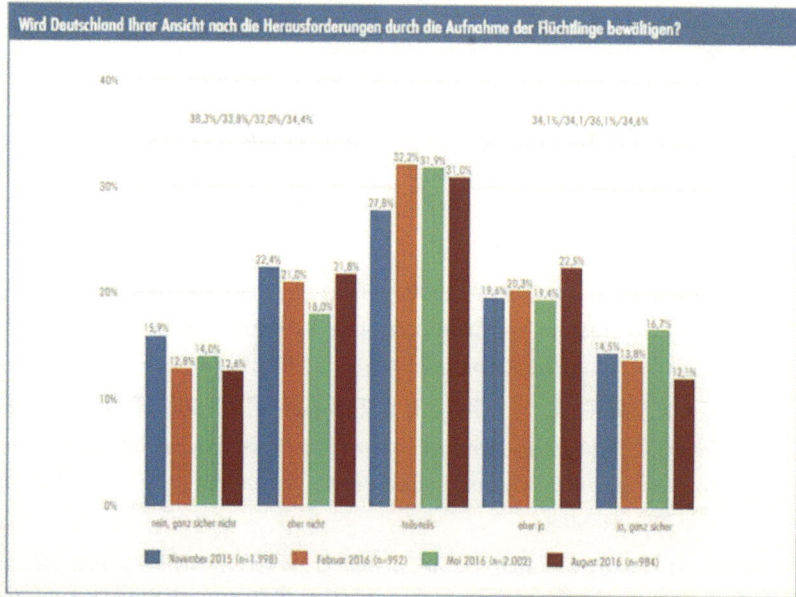

Abb. 1: Befragung der deutschen Bevölkerung, ob sie daran glaubt, dass Deutschland die Herausforderungen durch die Aufnahme der Flüchtlinge bewältigen kann (Ahrens, 2017, S. 13).

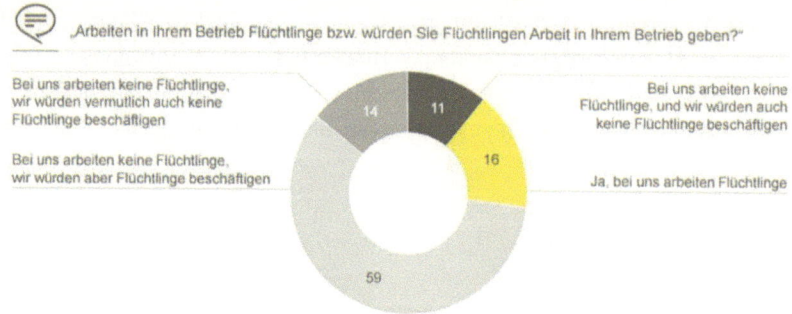

Abb. 2: Einstellung von Arbeitgebern aus dem Mittelstand bezüglich einer Beschäftigung von Flüchtlingen (Ernst & Young, 2017, S. 27).

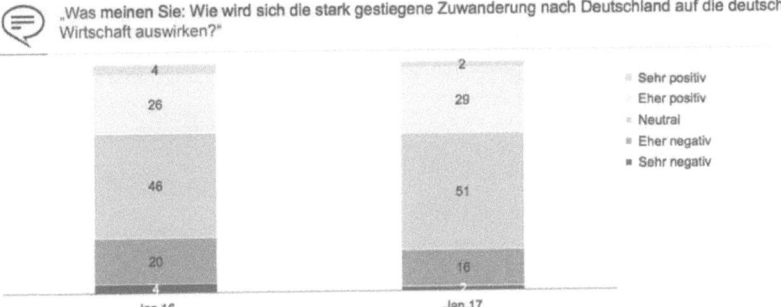

Abb. 3: Ergebnisse des EY-Mittelstandsbarometers 2017 bezüglich der Frage, wie die deutschen Mittelständler die Auswirkungen der gestiegenen Zuwanderung auf die deutsche Wirtschaft beurteilen (Ernst & Young, 2017, S. 30).

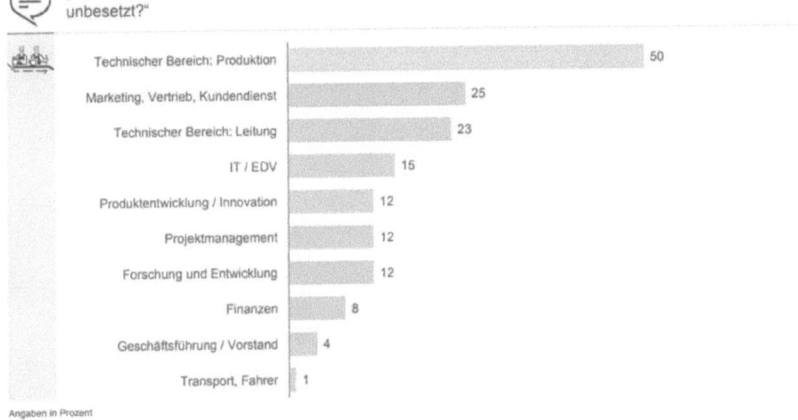

Abb. 4: Ergebnisse des EY-Mittelstandsbarometers auf die Frage nach Bereichen, in denen Stellen aufgrund mangelnder Bewerber unbesetzt bleiben (Ernst & Young, 2017, S. 24)

	2016	2017	2018	2019	2020
Ausgaben für nicht erwerbstätige Flüchtlinge[1]	11,6	12,1	13,4	14,8	16,0
Ausgaben für Sprach-/Integrationskurse, schulische und berufliche Ausbildung	6,0	6,0	5,0	5,0	5,0
Ausgaben im Rahmen des Familiennachzugs insgesamt	–	1,6	5,3	6,3	7,4
Gesamtausgaben	17,6	19,7	23,7	26,1	28,5

1) Erstunterbringung, Asylbewerberleistungen, Hartz IV; Annahme: 12.000 Euro je Flüchtling und Jahr.
Quelle: Institut der deutschen Wirtschaft Köln

Institut der deutschen Wirtschaft Köln

Abb. 5: Schätzung der staatlichen Ausgaben für die Flüchtlingshilfe in Milliarden Euro für die Jahre 2016 bis 2020 (Hentze & Kolev, 2016, S. 68).

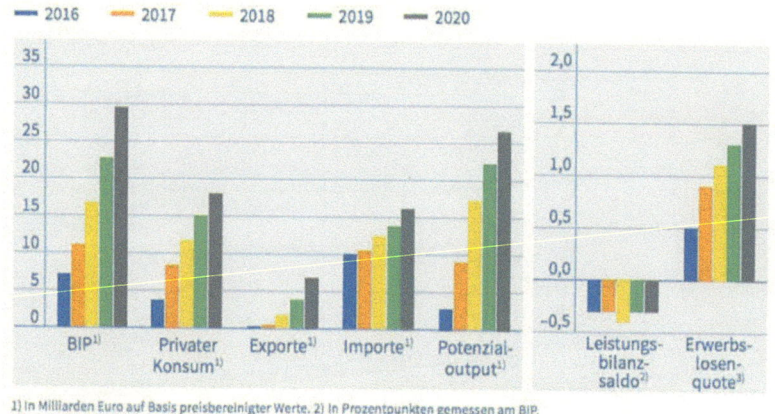

1) In Milliarden Euro auf Basis preisbereinigter Werte. 2) In Prozentpunkten gemessen am BIP.
3) In Prozentpunkten.
Quellen: Oxford Economics; Institut der deutschen Wirtschaft

Institut der deutschen Wirtschaft Köln

Abb. 6: Effekte der Flüchtlingsmigration in Deutschland. Simulationsergebnisse gemäß Hauptszenario gegenüber einem Verlauf ohne Flüchtlingsaufnahme für die Jahre 2016 bis 2020 (Hentze & Kolev, 2016, S. 70).

Indikatoren: Wer irgendwo neu ist bzw. später hinzukommt, ...	2013/2014			2015/2016		
	trifft nicht zu	teils, teils	trifft zu	trifft nicht zu	teils, teils	trifft zu
... der sollte sich erst mal mit weniger zufrieden geben.	36,0	31,6	32,4	26,6	29,3	44,1
... dem sollte genauso viel zustehen wie allen anderen auch.	15,0	23,7	61,3	19,1	27,7	53,2
... der sollte die gleichen Rechte haben wie alle anderen auch.	5,2	9,2	85,6	10,2	15,1	74,7
... der sollte auf keinen Fall Forderungen stellen oder Ansprüche erheben.	48,5	31,7	19,8	33,2	34,3	32,5
... der sollte sich hinten anstellen, wenn es nicht für alle reicht.	57,8	25,4	16,8	48,8	25,1	26,1
Gesamtskala	63,9	30,8	5,3	49,7	33,9	16,4
Skalen-Durchschnittswert		2,29			2,65	

Anmerkung:
Abbildung der gewichteten und addierten Häufigkeiten. Für 2013/2014 liegen die Daten von 2.006 Personen vor, in 2015/2016 beantworteten 1.505 Personen die Fragen zu den Etabliertenvorrechte.

Abb. 7: Auswertung einer Befragung von deutschen Bürgern zum Thema „Etablierten-vorrechte" von Deutschen gegenüber Zuwanderern (Zick & Preuß, 2016, S. 6).

Abb. 8: Ergebnisse einer Unternehmensbefragung bezüglich der Frage, welche Voraus-setzungen auf organisatorischer Ebene als relevant für eine gelingende Flüchtlings-integration angesehen werden (Hays & IBE, 2016, zit. n. Rump & Eilers, 2017, S. 208).

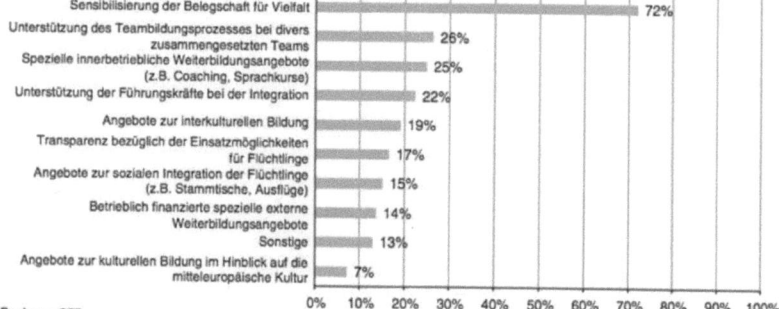

Welche dieser Aspekte sind in Ihrem Unternehmen bereits umgesetzt?

Basis n = 277

Abb. 9: Ergebnisse einer Unternehmensbefragung bezüglich der Frage, welche der in Abb. 8 genannten Maßnahmen in den befragten Unternehmen bereits umgesetzt wurden (Hays & IBE, 2016, zit. n. Rump & Eilers, 2017, S. 209).

Tabellen

Altersgruppen	Asylerstanträge						prozentualer Anteil männlicher Antragsteller innerhalb der Altersgruppen	prozentualer Anteil weiblicher Antragsteller innerhalb der Altersgruppen
	insgesamt		Aufteilung der männlichen Antragsteller nach Altersgruppen		Aufteilung der weiblichen Antragsteller nach Altersgruppen			
bis unter 4 Jahre	78.192	10,8%	40.384	8,5%	37.808	15,3%	51,6%	48,4%
von 4 bis unter 6 Jahre	27.668	3,8%	14.697	3,1%	12.971	5,2%	53,1%	46,9%
von 6 bis unter 11 Jahre	60.699	8,4%	32.780	6,9%	27.919	11,3%	54,0%	46,0%
von 11 bis unter 16 Jahre	52.434	7,3%	32.628	6,9%	19.806	8,0%	62,2%	37,8%
von 16 bis unter 18 Jahre	42.393	5,9%	34.044	7,2%	8.349	3,4%	80,3%	19,7%
von 18 bis unter 25 Jahre	169.853	23,5%	129.049	27,2%	40.804	16,5%	76,0%	24,0%
von 25 bis unter 30 Jahre	101.560	14,1%	71.962	15,2%	29.598	11,9%	70,9%	29,1%
von 30 bis unter 35 Jahre	69.449	9,6%	45.713	9,6%	23.736	9,6%	65,8%	34,2%
von 35 bis unter 40 Jahre	45.503	6,3%	29.119	6,1%	16.384	6,6%	64,0%	36,0%
von 40 bis unter 45 Jahre	28.187	3,9%	17.754	3,7%	10.433	4,2%	63,0%	37,0%
von 45 bis unter 50 Jahre	19.010	2,6%	11.625	2,4%	7.385	3,0%	61,2%	38,8%
von 50 bis unter 55 Jahre	11.679	1,6%	6.666	1,4%	5.013	2,0%	57,1%	42,9%
von 55 bis unter 60 Jahre	7.145	1,0%	3.894	0,8%	3.251	1,3%	54,5%	45,5%
von 60 bis unter 65 Jahre	4.456	0,6%	2.356	0,5%	2.100	0,8%	52,9%	47,1%
65 Jahre und älter	4.142	0,6%	1.895	0,4%	2.247	0,9%	45,8%	54,2%
Insgesamt	722.370	100,0%	474.566	100,0%	247.804	100,0%	65,7%	34,3%

Tab. 1: Asylerstanträge nach Altersgruppen und Geschlecht im Jahr 2016 (BAMF, 2016b, S. 7).

	B1 Niveau		A2 Niveau		unter A2 Niveau		Insgesamt [2]	
	absolut	prozentual	absolut	prozentual	absolut	prozentual	absolut	prozentual
2. Halbjahr 2009	25.212	47,2%	20.225	37,8%	8.014	15,0%	53.451	100,0%
Jahr 2010 insgesamt	51.791	49,9%	39.649	38,2%	12.435	12,0%	103.875	100,0%
1. Halbjahr 2011	25.604	52,0%	18.831	38,2%	4.821	9,8%	49.256	100,0%
2. Halbjahr 2011	24.173	55,8%	15.553	35,9%	3.565	8,2%	43.291	100,0%
Jahr 2011 insgesamt	49.777	53,8%	34.384	37,2%	8.386	9,1%	92.547	100,0%
1. Halbjahr 2012	29.794	56,6%	18.496	35,1%	4.388	8,3%	52.678	100,0%
2. Halbjahr 2012	22.207	55,1%	14.434	35,8%	3.691	9,2%	40.332	100,0%
Jahr 2012 insgesamt	52.001	55,9%	32.930	35,4%	8.079	8,7%	93.010	100,0%
dar. erstmalige Kursteilnehmer	44.417	60,9%	23.678	32,5%	4.819	6,6%	72.914	100,0%
Kurswiederholer	7.584	37,7%	9.252	46,0%	3.260	16,2%	20.096	100,0%
1. Halbjahr 2013	28.230	56,0%	17.776	35,3%	4.385	8,7%	50.391	100,0%
2. Halbjahr 2013	25.511	60,4%	13.545	32,1%	3.155	7,5%	42.211	100,0%
Jahr 2013 insgesamt	53.741	58,0%	31.321	33,8%	7.540	8,1%	92.602	100,0%
dar. erstmalige Kursteilnehmer	47.322	63,4%	22.713	30,4%	4.610	6,2%	74.645	100,0%
Kurswiederholer	6.419	35,7%	8.608	47,9%	2.930	16,3%	17.957	100,0%
1. Halbjahr 2014	30.050	58,0%	17.366	33,5%	4.371	8,4%	51.787	100,0%
2. Halbjahr 2014	20.647	55,4%	13.350	35,8%	3.265	8,8%	37.262	100,0%
Jahr 2014 insgesamt	50.697	56,9%	30.716	34,5%	7.636	8,6%	89.049	100,0%
dar. erstmalige Kursteilnehmer	44.576	62,1%	22.515	31,4%	4.664	6,5%	71.755	100,0%
Kurswiederholer	6.121	35,4%	8.201	47,4%	2.972	17,2%	17.294	100,0%
1. Halbjahr 2015	29.462	59,9%	15.944	32,4%	3.780	7,7%	49.186	100,0%
2. Halbjahr 2015	39.540	60,9%	20.458	31,5%	4.907	7,6%	64.905	100,0%
Jahr 2015 insgesamt	69.002	60,5%	36.402	31,9%	8.687	7,6%	114.091	100,0%
dar. erstmalige Kursteilnehmer	61.733	65,2%	27.298	28,9%	5.587	5,9%	94.618	100,0%
Kurswiederholer	7.269	37,3%	9.104	46,8%	3.100	15,9%	19.473	100,0%
1. Halbjahr 2016	44.154	59,3%	24.471	32,9%	5.861	7,9%	74.486	100,0%
2. Halbjahr 2016	55.244	58,0%	32.449	34,0%	7.623	8,0%	95.316	100,0%
Jahr 2016 insgesamt [3]	99.398	58,5%	56.920	33,5%	13.484	7,9%	169.802	100,0%
dar. erstmalige Kursteilnehmer	91.472	61,8%	46.657	31,5%	9.967	6,7%	148.096	100,0%
Kurswiederholer	7.926	36,5%	10.263	47,3%	3.517	16,2%	21.706	100,0%
Insgesamt	451.619	55,9%	282.547	35,0%	74.261	9,2%	808.427	100,0%

Tab. 2: Teilnehmer am Deutsch-Test für Zuwanderer von 2009 bis 2016 sortiert nach dem Prüfungsergebnis (BAMF, 2017a, S. 12).

49